Ительменские сказки

이텔멘인 이야기

<지식을만드는지식 소설선집>은
인류의 유산으로 남을 만한 작품만을 선정합니다.
오랜 시간 그 작품을 연구한 전문가가
정확한 번역, 전문적인 해설, 풍부한 작가 소개, 친절한 주석을
제공하는 고급 소설 선집입니다.

지식을만드는지식 소설선집

시베리아 설화집

Ительменские сказки

이텔멘인 이야기

작자 미상

박미령 옮김

대한민국, 서울, 지식을만드는지식, 2018

편집자 일러두기

• 이 책은 ≪Сказки и мифы народов Чукотки и Камчатки (азиатские эскимосы, чукчи, кереки, коряки и ительмены)≫ (Меновщиков 1974 / Сост., предисл. и примеч. Г.А. Меновщикова. М., 1974. 646 с.)를 원전으로 옮긴이가 가려 뽑아 번역했습니다.

• 주석은 모두 옮긴이가 단 것입니다.

• 외래어 표기는 현행 한글어문규정의 외래어표기법을 따랐습니다.

차 례

이텔멘인 이야기

틸발 전설

틸발은 누이와 살았다. 그들은 둥근 언덕 위에 살았다. 그곳에 오랫동안 살았다. 틸발은 적들을 기다릴 때 겨울이면 언덕에 물을 뿌렸다. 어느 장소에 언덕의 오르막이 있었다. 그는 거기서 적을 기다렸다. 어느 날 팔라나에 사는 코랴크인이 와서 아래에서 소리쳤다.

"둥근 언덕에 사시는 분, 계신가요?"

틸발이 나와서 말했다.

"제가 살아요, 틸발이라고 합니다."

"전 팔라나에서 당신과 겨루기 위해 왔소. 언제 겨룰 수 있습니까?"

"이렇게 겨루기로 합시다. 우선 누가 먼저 장작을 가지러 탈니시나야강으로 내려갈지 봅시다. 자, 달립시다."

그들은 달렸다. 틸발은 천천히 달렸고 코랴크인은 정신없이 달렸다. 탈니시니에 산맥까지 도달하지 못했지만 그는 이미 기력이 다해서 누웠다. 틸발이 그를 따라잡고 장작을 묶고 돌아가면서 말했다.

"지쳤어요? 그럼 당신을 메고 가겠습니다. 내가 어떤 사람인지 알겠죠. 언덕까지 데리고 가서 장작을 내려놓고 당신에게 먹을 것을 줄 테니 내일 다시 겨룹시다. 곰을 잡으러 갈 겁니다. 맨손으로 곰을 잡읍시다."

그들은 다음 날 일어났다.

"먼저 가는 사람이 곰을 찾아 손으로 죽이는 것인가요?"

코랴크인이 말했다.

"제가 가겠습니다."

틸발이 말했다.

"여기 집에서 점심 식사를 할 수 있을 정도로 빨리 갔다 와야 합니다."

코랴크인은 걸었지만 아무것도 찾지 못했다. 코랴크인이 걸어 다닐 때 틸발은 곰 세 마리를 잡아 왔다. 한 마리는 죽이지 않고 뒷다리를 묶어 등 쪽을 땅에 내리꽂았다. 곰이 땅을 들이받고 기절했다. 코랴크인이 왔다. 틸발이 말했다.

"왜 점심 식사 하러 오지 않았습니까? 저는 이미 다 먹고 곰 세 마리를 가지고 왔는데 당신은 뭘 가지고 오셨습니까?"

"곰을 찾을 수 없었어요."

"좋습니다. 그럼 제가 어떤 장사인지 아시겠죠. 바로 저기에 곰이 누워 있습니다. 전 저 곰을 기절시켰어요. 곰이 깨어나면 곰의 왼쪽 뒷다리를 잡고 더 이상 일어나지 못하게 내리치십시오."

곰이 깨어났고 코랴크인은 즉시 곰에게로 달려들었지만

당황해서 다리가 아니라 귀를 잡고 곰과 싸우기 시작했다. 틸발이 달려와 뒷다리를 잡고 곰을 내리쳤다. 곰은 죽었고 코랴크인은 다른 곳으로 멀리 날아가 버렸지만 푹신한 곳에 떨어져 괜찮았다. 코랴크인이 말했다.

"당신은 정말 힘이 세군요."

틸발의 누이동생은 생각했다. '코랴크인에게 시집가면 좋겠는데.' 동생이 그에게 말했다.

"티길강 위에 있는 강의 돌 기슭에서 3일 동안 묵고 가세요. 그러면 제가 장작을 가지러 오빠를 보낸 다음 오빠의 활을 찾아서 활시위를 끊어 놓을게요. 그가 활시위를 당기면 줄이 끊어질 거예요. 그때를 놓치지 말고 즉시 석궁을 당기면 그를 이길 수 있을 거예요."

코랴크인이 말했다.

"자, 틸발, 당신이 나를 이겼소. 내년에 내가 다시 올 테니 옷을 벗고 코랴크식으로 싸웁시다."

그는 자신이 마치 떠난 것처럼 하고 세키에서 3일을 묵었다. 네 번째 날 밤에 둥근 언덕에 왔다. 거기서 틸발의 누이동생이 기다리고 있었는데 그녀는 이미 활시위를 잘랐다. 누이동생이 고의로 소리쳤다.

"적이 올라오고 있어요!"

틸발이 활을 당겼지만 활시위가 망가져 있었다. 코랴크

인이 언덕으로 올라와서 말했다.

"자, 이제 내가 너를 무찌를 차례야."

그는 틸발에게 석궁을 쏘았다. 화살은 오른쪽 어깨를 관통했다. 틸발은 쓰러지면서 쥐가 난 척했고 코랴크인은 그의 누이동생을 잡고 키스를 했다. 틸발은 화살을 뽑고 코랴크인을 잡고 이마를 때렸다. 죽이고 싶지 않았다 해도 너무 힘센 손은 그를 즉시 죽였다. 그는 누이동생을 묶고 말했다.

"내일 아침에 너를 죽일 테다."

틸발은 아침에 일어나 말했다.

"이제 블리즈니 산마루든, 오스트리 산마루든 가서 야생 순록을 두 마리 잡을 거야."

그는 달려가서 순록을 잡았다. 언덕에 누이동생을 내리게 한 다음 누이동생의 왼발에 한 순록을 매달고 다른 순록을 오른발에 매달았다. 그는 순록들이 다른 방향으로 가게 했고 순록들은 달렸으며 누이동생은 반으로 갈라졌다. 틸발이 말했다.

"동생아, 네가 나를 죽이려 한 것에 대한 벌이다. 지금 순록들이 너를 질질 끌게 하고 난 너를 위해 저장해 두었던 좋은 고기를 먹으러 갈 거야. 난 네가 나를, 너의 오빠를 잘 대해 주고 의논할 거라고 생각했어. 바로 이렇게 말했어야 했어. '오빠, 저 시집가고 싶어요'라고 말이야. 난 반대하지 않았을 거야. 하지만 이제 난 너를 늑대에게 먹히게 하든지 까치든 까마귀든 쪼아 먹게 할 거야. 난 너에게 화가 아주 많이 났어. 이제 그 누구도 나의 활시위를 더 이상 자르지 못하도록 혼자 살 거야."

틸발의 복수

옛날에 틸발은 배신의 언덕에서 살았다. 거기서 사방으로 다녔다. 어느 날 그는 자신을 찾아다니던 두 명의 힘센 사람을 만났다. 그들이 물었다.

"누구 있어요?"

"전 세단카 틸발이라고 합니다."

그들은 그를 보고 말했다.

"사실 매우 큰 사람이라고 생각했어. 이렇게 멀리 온 게 헛수고였군!"

"오셨으니 저희 집으로 가시죠."

찾아온 이들은 동의하고 셋이서 걸어갔다. 이미 날은 어두워져서 잠자리를 마련하려고 멈췄다. 틸발이 말했다.

"당신들은 장작을 준비하세요. 저는 저녁거리를 구해 오겠습니다."

그는 가서 곧 아주 크고 기름진 순록을 잡았고 그들에게 말했다.

"당신들이 순록을 잡아 오면 그걸로 식사를 합시다!"

그들은 벌떡 일어나 순록을 쫓았다. 그들은 순록을 잡지 못하고 피곤해져서 물었다.

"올가미 있습니까?"

"올가미는 왜요?"

"올가미 없이 잡을 수가 없어요. 올가미로만 잡을 수 있어요."

그때 틸발이 뛰어서 순록의 뒷다리를 잡고 땅에 던지니 마치 원래 반으로 나뉘어져 있던 것처럼 갈라졌다.

그 사람들은 순록 고기를 먹으며 말했다.

"그럼 우리는 돌아가겠소. 당신 집으로 가지 않겠소!"

그들은 매우 겁을 먹었다.

"안 됩니다. 저를 찾아오셨으니 우리 집으로 가십시다!"

"당신 집이 가까운 곳에 있소?"

"오늘 도착할 수 있습니다."

틸발은 그들에게 달려갈 것을 명령했다. 처음에 그들은 발뒤꿈치가 뒤통수에 닿을 정도로 매우 빨리 달렸다. 그들은 날이 어두워지자 물었다.

"또 하룻밤을 지내야겠죠?"

틸발이 말했다.

"왜 노숙을 합니까? 저의 집이 아주 가까이에 있는데."

틸발은 그들의 머리채를 잡고 달렸다. 달리면서 그들을 끌고 갔다. 조금 끌고 가니 한 사람은 피를 다 흘려서 죽었고 다른 한 사람은 마을에 왔지만 곧 숨을 거두었다.

틸발 집에는 부모와 누이동생이 있었다. 누이동생에게는 약혼자가 있었다. 동생은 종종 숲을 다니며 그를 만났다.

틸발이 집에 도착하니 누이동생의 약혼자가 있었다. 그는 활을 잡아 그에게 쏘고 싶었다. 그러나 누이동생이 활시위를 미리 잘라 놓았다. 틸발이 활시위를 당겼지만 활은 망가졌다. 그는 누이동생이 활시위를 끊었다는 것을 알아차리고 심하게 분노해서 하마터면 누이동생을 죽일 뻔했다.

그는 집으로 들어가 부모를 죽였다. 칼을 옆구리에 차고 피를 뒤집어썼으며 마치 죽은 듯 누워서 조용히 있었다.

그때 약혼자가 들어왔고 장작으로 틸발의 머리를 때렸다. 틸발은 미동조차 하지 않았다. 약혼자와 누이동생은 곧 집에서 뛰어나가 약혼자의 마을로 갔다.

틸발은 아무 일도 일어나지 않은 듯 일어나서 그들 뒤를 따라갔다. 누이동생과 코랴크인 약혼자는 그를 보았고 겁이 나서 썰매에 올라타 달렸다. 틸발은 썰매에 활을 쏘았고 썰매는 산산조각 났다.

틸발은 다가가 누이동생의 약혼자를 죽였다. 누이동생의 약혼자를 죽이면서 말했다.

"만약 청혼하러 온 일이 순조롭게 되었다면 순조롭게 결혼했을 텐데. 네가 다 망쳤어, 이제 죽어!"

누이동생에게 말했다.

"순록을 타고 싶다면 순록을 타고 떠나거라!"

털발은 누이동생에게 순록 두 마리를 잡아매게 했다. 누이동생이 순록을 잡아 묶었을 때 그는 순록에 누이동생을 묶어서 순록이 다른 방향으로 가게 했다. 그렇게 누이동생도 죽었다.

틸발과 네말인

누군가는 틸발이 크다고 말하고 어떤 이들은 그다지 크지 않다고 말했는데 여하튼 그는 매우 다부지고 힘이 셌다. 많은 사람들이 겨루러 왔지만 그는 항상 승리자가 되었다. 틸발은 장작을 가지러 암본의 마야크에게로 다녔는데 그곳은 쿨카강에서 50베르스타[1] 떨어져 있었다. 그는 장작만 가지고 오지 않고 양을 함께 집으로 가지고 올 것이다. 그는 독수리처럼 저 멀리까지 보며 귀도 발달되어 잘 듣는다.

틸발에 대한 소문은 캄차카 전역에 빠르게 퍼졌다. 동북쪽 산등성이 너머에 살고 있는 네말인에게까지 도달했다. 그는 검은 머리카락을 두 갈래로 땋았다. 네말인은 진짜 거인이었다. 틸발에 대해 듣고 참지 못해서 그와 겨루기 위해 남서쪽으로 갔다. 그는 고래 갈비로 만든 활과 돌로 만든 화살만 가지고 산등성이를 넘어 서쪽으로 갔다. 그가 보얌폴카로 와서 물었다.

"여기 틸발이라는 장사가 어디에 사는 거요?"

그러자 보얌폴카인들이 말했다.

---

1) 베르스타 : 1베르스타는 약 1킬로미터다.

“틸발에 대해 듣기는 했지만 그가 어디에 사는지는 모르오. 티길로 가서 알아보시오.”

네말인은 티길로 와서 물었다.

“틸발은 어디 삽니까? 그를 이긴 사람이 아무도 없다고 들어서 그와 겨루러 왔소!”

“쿨카강으로 가시오. 거기에 그의 집이 있소.” 그에게 말했다.

“그는 덩치가 매우 큰가요?” 네말인이 물었다.

“아니요, 그렇지는 않아요. 힘이 센 것은 맞소.”

네말인은 틸발에게 갔고 속으로 비웃었다. 그는 작은 틸발을 이길 것이라고 생각했다. 바로 그때 그가 툰드라에서처럼 걸어서 쿨카강으로 다가가니 원형 천막집이 있는 것이 보였다. 천막집은 흙과 돌로 만들어졌고 아주 컸다. 네말인은 고래 갈비뼈로 만든 활을 꺼내 돌화살을 준비해 두고 천막집으로 다가가 물었다.

“누구 안 계세요?”

“있습니다. 들어오세요, 선한 사람이 오셨군요!” 천막집에서 여자 목소리가 그에게 대답했다.

네말인이 천막집으로 들어가서 보니 어둠 속에서 여성이 사슴 가죽 장화를 짓고 있었고 어린 소년인지 여자아이인지가 바닥에서 놀고 있었다.

"당신은 누구십니까?" 거인이 물었다.

"저는 틸발의 아내고 이 아이는 그의 자식입니다." 여자가 대답하고 틸발을 위해 식사를 준비하기 시작했다.

거인은 틸발에 대해 물었다. 덩치가 큰지, 화를 잘 내는지 등등. 그가 크지 않고 화를 잘 내지 않는다는 것을 알았을 때 속으로 생각했다. '겨루자니 창피한 생각이 드는군. 괜히 왔어.'

"그는 지금 어디 있습니까?" 그가 물었다.

"장작 가지러 암본에 갔어요." 틸발의 아내가 대답했다.

이 말을 듣고 네말인은 안심을 했으며 틸발이 힘이 셀지도 모른다는 생각이 들었다. 사람들이 괜한 말을 한 게 아니었다. 암본은 틸발의 집에서 50베르스타 떨어진 곳에 있다. 네말인은 앉아서 주인을 기다렸고 여주인은 집안일을 하느라 분주했으며 식사를 준비했다. 고기와 생선을 구웠다. 갑자기 무서운 굉음이 울렸다. 마치 아주 가까운 곳에 천둥이 치는 듯했다.

"이게 무슨 소리죠?" 거인이 물었다.

"틸발이 돌아왔군요. 장작을 가지고 와 땅에 던진 소리예요." 아내가 조용히 대답했다.

거인이 틈으로 내다보니 장작이 산을 이루고 틸발의 어깨에 양 한 마리가 있었다. 그는 크지 않았다. 거인은 아주 얌전히 주인이 천막집으로 들어올 때까지 기다렸다. 활과 화살은 등에 감추었다.

틸발이 들어와서 손님을 보고 인사를 하면서도 그가 왜 왔는지 아무것도 묻지 않았다. 그는 이미 알고 있었다. 네말인은 즉시 왜 왔는지 말하고 싶었지만 꺼려졌다. 좀 더 지켜보는 것이 좋겠다고 생각했다.

"그럼, 식사를 내와요." 틸발이 아내에게 말했다.

그녀는 그들의 식탁에 볶은 야생 순록 고기를 내왔다. 그들은 말을 하지 않고 먹었다. 틸발은 순록의 긴 다리뼈를 뜯어 먹고 거인에게 그 뼈를 주며 말했다.

"이 뼈를 부수지 못하면 당신과 겨루지 않을 겁니다."

거인은 놀라서 보더니 '주인이 장난이 아니군' 하고 생각했다. 그는 뼈를 손으로 잡고 부수려고 하며 말했다.

"이런 뼈를 부수는 그런 사람은 세상에 없어요!"

그때 틸발이 뼈를 왼손으로 잡고 주먹으로 꽉 쥐더니 부수며 말했다.

"보세요!"

그의 주먹에서 땅바닥으로 잘게 부서진 조각이 하얀 밀가루처럼 흩날렸다. 네말인은 틸발과 상대가 되지 않는다는 것을 깨달았다. 그는 보이지 않게 활과 화살을 등에 숨겼고 천막집에서 떠나고 싶은 마음이 들었다. 두려웠던 것이다.

'천막집에서 멀리 가야지, 그러지 않으면 틸발이 나를 죽일 거야.'

네말인은 천막집에서 오래 지체하지 말고 나가야 했다.

바로 그때 모두 일어나 출구로 갔다. 어둠 속에서 문에 있던 네말인의 왼쪽 다리와 오른손이 부러졌다. 그가 완전히 밖으로 나갔을 때 틸발은 그의 멀쩡한 오른쪽 다리를 잡고 머리 위로 들어 올린 다음 던져서 땅에 내동댕이쳤다. 거인은 바스락 소리가 날 정도였다. 네말인의 갈비뼈와 모든 뼈가 부서졌고 그는 그 자리에서 죽었다.

쿠트흐

옛날에 쿠트흐가 아내와 살았다. 어느 날 쿠트흐가 물고기를 잡으러 바다로 갔다. 낚시도구를 들고 갔다. 그는 호수로 와서 곧 낚시를 시작했다. 많이 잡았다. 작은 물고기들은 던져 버리고 큰 물고기만 골라냈다. 거대한 생선을 묶어서 집으로 갔다.

집에서 아내는 생선에게 줄 톨쿠샤[2]를 많이 준비했다. 쿠트흐는 집으로 가는 길에 각각의 상황에 따라 그들에게 먹이를 줄 것이라고 생선에게 약속했다.

쿠트흐는 썰매에 톨쿠샤를 싣고 갔다. 매우 빨리 달렸다. 그는 자작나무 숲에 도착했다. 썰매를 끄는 생선은 멈춰서 즉시 물었다.

"그럼 우리에게 먹을 걸 줘요!"

쿠트흐가 말했다.

"아직 조금 더 싣고 가!"

물고기들은 다시 매우 빠르게 달렸다. 쿠트흐가 웃었다. 물고기들은 그를 낮은 곳으로 데리고 가서 다시 멈춰서 말

---

2) 톨쿠샤 : 채소, 생선, 비계, 열매 등으로 만든 캄차카 향토 음식.

했다.

“쿠트흐, 우리에게 먹을 걸 줘요.”

쿠트흐는 다시 말했다.

“아직 조금 더 가!”

물고기들은 화를 내고 곧장 호수로 달려갔다. 쿠트흐는 놀라서 소리치기 시작했다.

“송어야, 송어야, 송어야, 멈춰! 너희에게 먹이를 줄게.”

생선들은 들리지 않는 듯 모든 것을 끌고 갔다. 쿠트흐는 뛰어내리려고 했지만 썰매에 발이 걸렸다.

물고기들은 호수로 갔고 물로 뛰어들었다. 쿠트흐도 가라앉았다.

쿠트호가 여우를 놀래 주는 법

옛날에 여우가 살았다. 여우는 시집이 너무 가고 싶었다. 어느 날 여우는 기슭을 달리다 갑자기 물고기가 누워 있는 것을 보았는데 온통 벌레 먹은 것이었다. 여우는 들과 기슭에 앉아 물고기에게 아이처럼 자장가를 불러 주더니 자신은 물고기에서 나오는 벌레를 먹었다.

"어머, 이 아이는 이투성이네!"

갑자기 강을 따라 논병아리가 헤엄쳐 오고 있었다. 한 논병아리가 말했다.

"카카크레, 카카크레, 봐, 어떤 아줌마가 앉아 있어!"

여우가 말했다.

"나야, 네 아내야! 나를 데리고 가, 같이 헤엄치자!"

어린 논병아리가 대답했다.

"난 네 아이의 아버지가 아니야, 그 아이의 아버지는 뒤에서 헤엄쳐 오고 있어!"

논병아리는 헤엄쳐 가 버렸다. 다시 여우는 기슭에 앉아서 물고기를 흔들어 재우면서 벌레를 먹었다.

"아이에게 이가 많이 있네!"

갈매기들이 떼로 헤엄쳐 오는 것이 보였다. 갈매기가 말했다.

"끼룩, 끼룩, 저기 어떤 여자가 앉아 있는 거지?"

"나야, 네 아내야." 여우가 말했다. "날 데려가!"

"내 아내면 와서 타."

여우가 기뻐하며 갈매기 떼 위에 앉았다. 여우는 물고기에게 말했다.

"바로 이분이 네 아빠야!"

그러자 갈매기가 말했다.

"끼룩, 끼룩, 끼룩, 저기 저 파란 장소에 뗏목이 가라앉게 하자, 우리는 날아가 버리는 거야."

"무슨 말을 하는 거야?" 여우가 물었다.

"우리는 '조심해서 헤엄치세요, 아름다운 여자가 가라앉게 하지 마세요, 조카들이 여기 있어요'라고 말했어."

여우는 기뻐했다.

"네가 정말 내 남편이지?"

그들은 푸른 장소로 나왔다. 여우는 자기 아이의 이를 샅샅이 찾느라 아무것도 알아채지 못했다. 갑자기 갈매기들은 날아 들어갔고 뗏목은 물에 잠기기 시작했다. 여우는 하마터면 가라앉을 뻔했다. 여우는 물고기를 버리고 사력을 다해 기슭으로 나와서 여울에 앉았다.

"가죽과 눈을 말려야겠어."

여우는 가죽을 벗고 눈을 뽑았다. 관목 숲에 눈을 놓고 가죽은 나무에 걸었다. 여우 자신은 그 자리에 누웠다.

"쉬자."

그리고 잠이 들었다. 그때 쿠트흐가 기슭을 걸어가고 있었다. 쿠트흐는 여우와 마주치자 그를 비웃었다.

"벌거벗은 채로 누워 있네. 이제 내가 놀래 줘야지."

그는 강으로 가서 물을 입에 물고 웃었다. 물이 전부 입에서 흘러나왔다.

"어쨌든 놀라게 하는 거야."

다시 강으로 가서 물을 머금고 손으로 입을 막았다.

"이제 놀래 줘야지."

쿠트흐는 여우에게 다가가 다시 웃었다. 그가 입을 손으로 누르니 물이 모두 콧구멍으로 나왔다. 다시 강으로 갔다.

"어쨌든 놀래 주는 거야, 미티에게 내 웃음만 보내야겠어."

미티는 앉아서 바느질을 하고 있는데 갑자기 웃음을 발견하고 배를 잡았다.

"무슨 일이 일어난 거지? 쿠트흐가 뭔가를 꾸미고 있는 것 같아."

쿠트흐는 다시 입에 물을 머금었다.

"자, 이제 너를 놀라게 할 거야."

여우는 벌거벗은 채로 누워서 잠들어 있었다. 쿠트흐는

잠자는 여우에게 물을 뿌렸다. 여우는 깜짝 놀라서 튀어 일어나 달렸는데 눈이 없어서 사방에 부딪쳤다. 쿠트흐는 죽을 정도로 웃었다. 갑자기 누군가가 여우를 불렀다.

"왜 벗은 채로 다니는 거야?"

"쿠트흐가 나를 놀라게 했어." 여우가 말했다. "근데 거기 누구야?"

"우리는 블루베리나무야, 여기 모여 있어."

"나에게 블루베리 두 개만 줘."

그들은 여우에게 블루베리를 주었고 여우는 눈 대신에 그것을 넣었다. 주위가 더욱더 파랗게 되었다. 저 멀리 월귤나무가 모여 있었다.

"여우야, 왜 그렇게 다니는 거야?"

"쿠트흐가 놀라게 했어. 월귤을 두 개만 줘."

여우는 블루베리를 버리고 월귤을 넣었다. 이제 전부 붉게 되었다. 앞으로 더 나아갔다. 시로미가 모여 있었다. 시로미가 여우에게 무슨 일이 있는지 물었다. 여우가 말했다.

"쿠트흐가 나를 놀라게 해서 눈을 잃었고 가죽도 잃었어. 눈을 만들게 시로미를 두 개만 줘."

시로미는 여우에게 시로미를 주었고 여우는 월귤을 버리고 시로미를 넣었다. 여우는 눈과 가죽이 있던 자리를 찾았다. 보니 여우의 가죽은 말랐고 오그라들어 있었다. 여우는 가죽을 웅덩이에서 적셨다. 여우의 몸은 아팠고 관목 숲에 긁혀 상처투성이였다.

쿠트호가 집에 와서 웃었다.

"미티, 들어 봐!"

그러나 미티는 화를 냈다. 쿠트호가 말했다.

"미티, 왜 화를 내는 거야? 들어 봐, 내가 웃긴 얘기 해 줄게. 내가 여우를 놀라게 해 여우가 벌거벗고 달렸어. 눈도 넣지 않고 말이야."

미티가 말했다.

"아이고, 쿠트호, 쿠트호야. 너에게서 쓸 만한 얘기를 들어 본 적이 없어. 장난만 치고 좋은 일은 아무것도 하지 않아. 너와 함께 산다는 게 창피해."

"미티, 대신 벌거벗은 여우가 달려가니 웃기잖아. 화내지 마. 눈이 내리면 여우는 자기 굴로 기어 들어갈 거고 그때 내가 너에게 목도리 할 여우를 가져다줄게."

쿠트흐가 아내 미티를 일하게 하는 법

옛날에 쿠트흐와 미티가 살았다. 미티는 매우 게을렀지만 쿠트흐는 매우 부지런했다. 쿠트흐는 계속 사냥을 다녔고 반드시 뭔가를 잡아 왔다. 오리도 순록도 곰도 잡아 왔다. 물고기를 매우 많이 잡았고 물범도 잡았다. 쿠트흐가 집으로 오면 먹을 것을 달라고 요구할 것이다. 그러나 미티는 말린 생선 한 마리만 줄 거고 결코 요리를 하지 않을 것이다. 미티는 잠만 잔다.

어느 날 쿠트흐가 사냥에서 돌아왔지만 미티는 다시 그에게 말린 생선을 먹으라고 줬다. 쿠트흐가 말했다.

"오늘은 먹지 않을 거야. 몸이 매우 아파. 배가 너무 아파. 이제 죽을 거야."

미티가 울기 시작했다.

"당신 없이 난 어떻게 살아?"

그러자 쿠트흐가 대답했다.

"어떻게 살아야 하는지 말해 줄게. 내가 죽으면 나를 위한 무덤을 깊이 파지 마. 무덤에 좀 더 많은 풀이 생기게 해. 흙을 뿌리지는 마. 다만 잣나무로만 덮어 줘. 매일 나에게 톨쿠샤, 키릴카[3], 사라나[4]를 가져와, 커틀릿은 사라나와 식용 뿌리를 얹어서 만들어. 차가 버섯을 저장하고 차를 볶아. 이 모든 것을 무덤에 가지고 와. 모두 놓고 미티 당신은 가. 돌아보지 마, 안 그럼 당신도 죽게 될 거야."

미티는 일찍 일어나 숲으로 가서 많은 식용 넝쿨과 뿌리를 캐 내고 온갖 열매를 모을 것이다. 그녀는 집으로 돌아와서 커틀릿, 톨쿠샤와 키릴카를 만들고 차 마실 물을 끓이며 차를 볶고 이 모든 것을 쿠트흐에게 가지고 갈 것이다. 쿠트흐는 이 모든 것을 먹고 완쾌될 것이다. 미티는 이른 아침부터 밤늦게까지 요리를 하고 숲으로 다녔다. 결국 쿠트흐는 미티가 매우 부지런해졌다는 것을 알게 되었다. 곧 자리에서 일어났다. 그들의 집이 있는 강을 건너 나와 소리쳤다.

"미티! 싣고 와!"

미티는 강으로 나가 매우 뚱뚱한 사람이 서 있는 것을 보았다. 처음에는 알아보지 못했다. 쿠트흐 목소리였지만 쿠트흐는 매우 말랐었다. 쿠트흐가 말했다.

"나를 못 알아보겠어? 나 쿠트흐야."

미티는 매우 기뻐했다. 쿠트흐가 강을 건널 수 있도록 예

---

3) 키릴카 : 이텔멘 전통 음식. 삶은 머리 고기(또는 생선이나 감자), 물범 비계로 만든다.

4) 사라나 : 붉은 나리의 넝쿨.

멤쿠트를 불렀다. 쿠트흐에게 물었다.

"어떻게 살아났어?"

"신이 '너의 아내가 매우 부지런해져서 너를 살려 주려고 결심했다. 가서 그녀와 살아라!'라고 했어."

여기서 모든 것이 시작되었다. 미티는 내내 요리를 하고 숲으로 다녔으며 매우 부지런해졌다.

쿠트호의 거짓 죽음

옛날에 쿠트호가 아내 미티와 살았다. 그에게는 예멤쿠트와 시나네브트라는 아이들이 있었다. 예멤쿠트는 따로 살았다. 그는 아버지를 잘 모시지 못했다. 쿠트호는 생각 끝에 아내에게 말했다.

"미티, 내가 죽을 때가 온 것 같아. 내일 나는 죽을 거야. 나를 위해 먹을 것을 준비하고 예멤쿠트에게 비계와 고기 묶음을 가지고 오라고 해요. 미티, 당신은 구덩이 안에 달맞이 꽃, 시로미 한 광주리, 절구, 절굿공이, 체, 등잔, 물, 장작과 불을 놓아."

미티가 쿠트호를 위해 물건을 마련하기 시작했다. 그리고 말했다.

"쿠트호, 거짓말이지, 죽지 않는 거지!"

"아냐, 사실이야, 미티, 죽을 거야."

미티는 고기를 삶고 톨쿠샤를 만들었으며 음식을 준비하고 쿠트호의 죽음을 기렸다. 쿠트호는 즐겁게 먹었다. 그런 다음 곧 씻고 앉았다. 온 가족이 그를 보았다. 갑자기 쿠트호의 눈이 굴렀다. 그때 쿠트호는 쓰러져 죽었다. 집안 식구들이 놀랐다. 예멤쿠트는 마당에 커다란 구덩이를 판 다음 구덩이를 덮었다. 쿠트호를 마당에 판 구덩이로 끌고 나왔다. 쿠트호는 마당에서 참지 못하고 웃었다. 시나네브트가 보고 말했다.

"봐요, 아빠가 웃어요."

미티가 그녀에게 말했다.

"거짓말하지 마! 죽은 사람이 언제 웃었다고 그래?"

쿠트호를 구멍에 넣었다. 모든 음식을 넣고 구멍을 풀로 덮고 틈을 만들었다. 어두워졌다. 쿠트호는 등잔에 불을 켜고 불을 밝혔다. 톨쿠샤를 뜯어 먹기 시작했다. 시나네브트가 나와서 쿠트호의 구멍에서 불빛이 비치는 것을 보고 절구 찧는 소리를 들었다. 곧 돌아와 말했다.

"엄마, 아빠의 구멍에 불이 켜져 있어. 거기서 톨쿠샤 만드는 것 같은 소리도 들려."

미티가 말했다.

"거짓말하러 온 거야! 죽은 사람이 어떻게 톨쿠샤를 만들어, 바보야?"

쿠트호는 구멍에서 살게 되었다. 잘 먹었다. 밤마다 음식을 만들고 톨쿠샤를 만들었다. 모든 저장품을 먹어 치웠다. 그때 그는 구멍에서 나와 집으로 갔다. 들어가니 집안 식구들이 놀랐다. 아이들은 곧 도망쳤다. 쿠트호가 말했다.

"겁먹지 마, 나 돌아왔어. 저세상에서 나를 받아 주지 않았어. 미티, 아이들을 불러와."

미티는 아이들을 모두 불러왔다. 아이들이 들어왔고 쿠트흐가 말했다.

"예멤쿠트, 신이 나를 잘 먹이고 보살피며 같이 살라고 너에게 명령했어."

예멤쿠트는 아버지를 잘 보살피고 봉양했다. 쿠트흐는 필요한 것 없이 살았다.

쿠트흐의 죽음

옛날에 미티가 살았다. 아무것도 하려 하지 않았고 아무것도 귀한 것이 없었다. 미티는 자신의 거처로 가서 쿠트흐에게 아무것도 만들어 주지 않았다. 쿠트흐가 숲을 돌아다니다 오면 먹을 것이 아무것도 없었다. 미티는 바짝 말린 생선 하나만 그에게 주었다. 조금 먹고 배고픈 채로 잠자리에 들었다. 쿠트흐는 아침에 다시 어딘가로 간다. 와서 보면 여전히 식탁에 벌레투성이인 말린 생선이 던져져 있다. 쿠트흐는 조금 먹고 누워서 생각했다. '미티는 왜 그러지? 모든 것이 이전처럼 되려면 내가 어떻게 해야 하지?'

그는 숲으로 갔고 묘안이 떠올랐다. '하늘에서 신이 내려와서 나를 데리고 가려고 하는 것처럼 미티에게 말해야지.'

쿠트흐는 집으로 왔다. 미티는 다시 그에게 말린 생선을 주었다.

"미티! 내가 지금 말할 게 있으니 들어 봐."

"무슨 일이야? 말해 봐."

"오늘 신이 하늘에서 내가 서 있던 곳으로 곧장 내려왔어. 내려와서 나에게 말했어. '쿠트흐, 나는 너를, 너의 영혼을 데리러 왔다. 넌 구덩이에 눕게 되겠지.' 미티, 나에게 좋은 음식을 만들어 주라고 당신에게 말하라고 했어. 그러지 않으면 당신을 저세상으로 데리고 간다고 했어. 미티, 난 이제 죽을 거야. 나를 구멍에 넣고 흙은 뿌리지 마. 미티, 기억해, 하루에 한 번 음식을 가지고 와야 해. 해가 지면 즉시 가지고 와. 낮에는 신이 오지 못할 거야. 그럼, 난 이제 죽을 거야."

쿠트흐는 쓰러졌고 죽었다. 미티는 어찌할 바를 몰랐고 쿠트흐의 장례를 시작했다. 그를 구멍에 넣었지만 흙으로 덮지는 않았다. 쿠트흐는 구멍에 누워 있다. 미티는 거기에 음식을 놓고 자신은 떠났다. 쿠트흐가 말했다.

"미티가 멀리 떠난 것 같군."

쿠트흐가 보니 미티는 이미 보이지 않았다. 쿠트흐는 곧 앉아서 먹기 시작했으며 잘 먹었다.

"그럼 산책을 가야겠다."

해가 지자 쿠트흐는 빨리 와서 구멍에 누웠다. 그러자 미티가 먹을 것을 가지고 왔다. 아마도 신이 배가 고픈 것 같다. 그녀는 음식을 놓고 앉아서 울기 시작했다. 울면서 말했다.

"신이 음식을 다 먹어 치웠어. 내일도 더 좋은 음식을 만들면 쿠트흐가 저세상에서 불길 속에 있거나 괴로움을 당하지 않을 거야. 그의 영혼이 신의 곁에 있을 수 있을 거야."

쿠트흐는 미티가 말하는 것을 들었다. 그녀는 더러운 그릇을 모았다.

"그릇을 잘 씻어서 내일 신에게 바칠 음식을 또 가지고 와야지."

미티는 가면서 울었고 심지어 통곡하기 시작했다. 미티가 모습을 감추자마자 쿠트흐는 즉시 기어 나와 먹기 시작했다. 모든 음식을 너무 잘 먹었다. 쿠트흐 자신은 밤새 걸어 다녔으며 한낮에도 걸어 다녔다. 해가 지자 쿠트흐는 빨리 와서 구멍에 들어갔다. 미티가 와서 다시 울기 시작했다.

"아이고, 쿠트흐, 쿠트흐! 만약 당신이 지금 살아난다면 나는 다시 명랑해지고 당신을 위해 모든 걸 할 텐데."

쿠트흐는 바로 그걸 바랐다.

미티가 집으로 갔다. 쿠트흐는 구멍에서 기어 나와 실컷 먹고 말했다.

"지금 미티에게 가자. 신이 나를 받아 주지 않은 것처럼 하면 돼. 신이 '너의 미티가 너무 우는구나. 더 이상 그렇게 살지 말거라'라고 말하면서 나의 영혼을 나에게 되돌려주었다고 그녀에게 말하는 거야."

쿠트흐는 집으로 갔다. 미티가 보았다. '나의 쿠트흐가 오는 것 같은데!' 그녀는 그를 알아보지 못했다. 살이 찐 쿠트흐는 그녀에게 곧장 걸어왔다. 미티가 그를 알아보고 매우 기뻐했다.

"어머, 쿠트흐, 어떻게 나에게 온 거예요?"

"신이 나를 받아 주지 않았어. 당신이 너무 그리워하니까. 즉시 나의 영혼을 나에게 돌려주며 나를 보냈어. '집으로 가서 이전처럼 사이좋게 살아라'라고 했어."

쿠트흐와 미티가 열매 따는 법

옛날에 쿠트흐와 미티가 살았다. 어느 날 쿠트흐가 말했다.

"열매 따러 가자."

그들은 열매를 모으러 갔다. 열매를 모으기 시작했다. 쿠트흐는 제안했다.

"미티, 서로 큰 소리로 부르자, 그러지 않으면 곰이 올 거야. 당신은 나를 부르고 난 당신을 부르는 거야."

그들은 열매를 모으면서 소리쳤다. 미티가 소리쳤다. "쿠트흐!" 그러자 쿠트흐는 소리쳤다. "미티! 미티!"

그들은 열매를 모으면서 내내 서로를 큰 소리로 불렀다. 소리치는 것이 싫었던 미티는 입을 다물었다. 그러자 쿠트흐가 생각했다. '곰이 미티를 먹은 것 같군.' 쿠트흐는 놀랐고 미티가 불쌍해졌다.

그러나 미티는 생각했다. '이제 쿠트흐를 놀라게 해 줘야지.' 미티는 쿠트흐에게 살금살금 다가가 소리쳤다.

"쿠트흐!"

쿠트흐는 너무 놀라서 즉시 까마귀로 변해 날아가 버렸다. 그러자 미티는 홀로 남았다.

쿠트흐는 계속 날았고 어느 순간 임시 천막과 초가집이 보였다. 이 집에는 아가씨가 두 명 살고 있었는데 매우 아름다운 자매였으며 바느질과 집안일을 아주 잘하는 여자들이었다.

언니가 먼지를 털려고 나왔다. 까마귀가 그녀를 보았다. 아가씨는 먼지를 털었고 쿠트흐는 그녀에게 날아왔다. 언니는 생각했다. '쿠트흐가 놀리려고 오는 것 같군.' 그녀는 쿠트흐에게 쓰레기를 던지고 집으로 갔다. 동생에게 말했다.

"임시 천막으로 가, 간식을 가지고 와!"

아가씨는 임시 천막으로 갔고 까마귀는 즉시 그리로 날아가 앉았다. 아가씨가 까마귀를 보고 말했다.

"이 까마귀는 어디서 온 거지? 여기서 언니와 몇 년을 살았지만 한 번도 본 적이 없는데, 숲에서나 봤지."

아가씨는 기뻐하며 까마귀에게 여러 열매를 실컷 먹였다. 쿠트흐는 생각했다. '착한 아가씨군. 나의 예멤쿠트를 이 아가씨와 결혼시키면 좋겠군.'

아가씨는 까마귀에게 먹을 것을 주며 말했다.

"우리에게 날아와."

그녀는 집으로 갔고 집에서 언니는 화를 내며 동생에게 말했다.

"쿠트흐가 또 장난친 거지?"

그러나 까마귀는 마을로 날아가서 세 번 모습을 바꾸고 다시 쿠트흐가 되었다. 그사이 미티는 집에 앉아서 울며 쿠트흐를 불쌍하게 여겼다.

쿠트흐가 돌아왔다. 미티는 기뻐하며 물었다.

"쿠트흐, 어디 있었어?"

"저 멀리 날아갔는데 숲에 집이 보였어. 그 집에는 자매가 있었어. 한 아가씨는 성질이 나쁘고 다른 아가씨는 착해."

예멤쿠트, 그들의 아들은 누워서 쿠트흐가 말하는 것을 듣고 말했다.

"나는 거기 가고 싶은데 어디로 가야 하는지 몰라요."

쿠트흐가 제안했다.

"나의 까마귀 털가죽을 가지고 가, 저리로 날아가면 숲에 집이 보일 거야. 거기에 아가씨들이 살고 있어."

예멤쿠트는 까마귀 털가죽을 입고 날아갔다. 멀리 날아갔다. 그는 집을 보았고 즉시 그 집에 앉았다. 언니가 나와서 까마귀에게 화를 내며 말했다.

"다시 쿠트흐가 장난치러 왔군!"

언니는 까마귀에게 쓰레기를 던지며 집으로 갔고 동생에게 아무 말도 하지 않았다.

동생은 밖으로 나와 까마귀를 보고 말했다.

"다시 우리 집에 날아왔구나."

동생은 임시 천막으로 갔고 까마귀도 임시 천막으로 날아가 입구에 앉았다. 아가씨가 까마귀에게 말했다.

"나는 숲에서 언니와 살아, 그 누구도 본 적이 없어. 네가 와서 좋아!"

동생은 까마귀에게 먹을 것을 주었고 까마귀는 먹지 않았다. 아가씨가 말했다.

"전에 온 까마귀는 아주 많이 먹었는데 넌 먹지 않네."

그런 다음 말했다.

"머물러, 우리와 살자!"

까마귀는 즉시 예멤쿠트가 되어 아가씨를 안았다. 그때 아기가 울기 시작했다. 아가씨는 놀라서 울기 시작했다.

"이제 언니 앞에 어떻게 나타나?"

예멤쿠트는 안심시켰다.

"걱정 마! 함께 가자!"

그들은 임시 천막에서 내려와 집으로 들어갔다. 언니는 화를 내며 말했다.

"쿠트흐가 장난치러 왔다는 내 말이 맞았잖아. 이제 넌 아이가 생겼어!"

예멤쿠트는 그녀에게 조용히 하라고 명령했다. 언니는 더 이상 화를 내지 않았다. 동생이 길을 떠날 수 있게 채비를 했다. 언니가 물었다.

"당신들은 뭘 타고 갈 거예요?"

예멤쿠트는 숲으로 가서 세 번 휘파람을 불었다. 그때 순록들이 나타났다. 그들은 떠날 차비를 하고 갔다. 그들이 마을에 다가가자 눈보라가 생겼다. 쿠트흐가 집에서 나와 말했다.

"미티, 눈보라가 몰아쳐!"

미티가 나와 대답했다.

"이건 눈보라가 아니라 우리 예멤쿠트가 아내와 함께 돌아오는 거예요."

쿠트흐가 요구했다.

"미티, 우리 집은 좁아! 조금 발로 차!"

미티가 집을 발로 차자 집이 넓어졌다. 순식간에 다양한 음식이 차려졌고 온갖 짐승과 조류가 식사하러 나왔다. 모두 오랫동안 즐거워했고 예멤쿠트는 지금까지 살고 있다.

쿠트흐와 여우와 늑대

옛날에 쿠트흐와 미티가 살았다. 쿠트흐는 강을 막아 연어를 잡기 위한 통발을 놓았다. 쿠트흐는 연어를 잡기 시작했다. 어느 날 여우가 쿠트흐를 속이기로 마음먹었다. 길에 누워서 언 것처럼 죽은 듯 있기로 했다. 쿠트흐가 가다가 보니 여우가 있었다. 쿠트흐는 기뻤다. 그는 연어를 썰매에 실었다. 뒤에 여우가 웬일인지 매달려 있었다. 그는 집으로 갔다. 여우가 연어를 썰매에서 던지기 시작했고 그런 다음 자신도 뛰어내렸다. 쿠트흐는 여우가 도망간 것을 알아채지 못했다. 쿠트흐는 집으로 들어갔다.

"이봐, 미티, 연어를 치우고 저기 있는 여우를 잡아 와!"

미티가 나갔다. 연어는 아주 조금 있었다. 미티는 그것들을 가지고 갔지만 여우를 찾을 수 없었다. 미티는 집으로 들어가 말했다.

"쿠트흐, 여우가 없어!"

"없다고! 썰매 뒤에 있었는데."

"쿠트흐, 여우를 몰라. 넌 속은 거야!"

쿠트흐는 다시 강으로 갔다. 그는 다시 얼어 버린 여우를 발견하고 여우를 잡아서 썰매에 꽉 매달았으며 연어를 싣고 집으로 갔다. 여우는 다시 연어를 던졌지만 자신은 뛰어내릴 수가 없었다. 쿠트호가 여우를 꽉 맸기 때문이다. 쿠트호는 집으로 와서 말했다.

"미티, 가서 연어를 고르고 여우를 잡아 와, 난로에 넣고 녹여 줘야 해!"

미티는 여우를 집으로 데리고 와서 난로 위에 놓았다. 쿠트호가 여우를 만지니 얼어서 아직 녹지 않았다. 쿠트호는 칼을 갈기 시작했다. 여우를 자르려는 것이다. 여우가 보니 일이 안 좋게 돌아갔다. 쿠트호가 다시 여우를 만져 보니 녹았다. 그는 여우를 자르려고 했는데 여우가 벌떡 일어나 불을 껐다. 쿠트호와 미티는 깜짝 놀라고 여우는 밖으로 도망치면서 웃었다. 쿠트호가 말했다.

"여우야, 만약 네가 속였다는 것을 내가 알았다면 나는 곧 너의 내장을 다 꺼냈을 테고 네가 녹을 때까지 기다리지 않아도 되었을 텐데."

여우가 갔다. 여우는 연어를 모으기 시작했다. 모두 모았다. 먹기 시작했다. 늑대가 와서 물었다.

"여우야, 넌 어디서 그런 연어들을 잡은 거야?"

"얼음 구멍에 꼬리를 넣어서 연어들이 꼬리에 달라붙게 했어."

늑대가 말했다.

"여우야, 나에게 가르쳐 줘!"

"가서 얼음 구멍에 네 꼬리를 넣어."

늑대가 꼬리를 넣었다. 늑대는 너무 추웠다. 늑대의 꼬리가 얼기 시작했다.

"여우야, 꼬리 꺼낼래."

"꺼내!"

그러나 늑대의 꼬리는 얼어붙었다. 늑대는 빼낼 수가 없었다. 여우가 웃었다. 늑대는 매우 화를 냈다.

"여우야, 내가 자유롭게 되면 너를 죽일 거야!"

여우는 도망가서 굴에 숨었다. 늑대가 떨면서 거의 뼈까지 꼬리를 부러뜨렸다. 늑대는 여우를 쫓아 굴로 와 소리쳤다.

"여우야, 너 여기 있어?"

여우가 대답했다.

"여기 있어. 눈이 아파서 아무 데도 가지 못해! 얼마 전에 밖에 나갔을 때 여우가 옆으로 달려가는 것을 보았어. 이웃 굴로 숨었어."

늑대가 말했다.

"이리 나와서 그 굴이 어디에 있는지 가르쳐 줘. 내가 너를 태우고 갈게."

여우가 나와서 말했다.

"내가 소리치면 빨리 머리를 구멍에 넣어. 구멍이 좁아도 넣어! 거기에 너를 속인 여우가 있어."

여우는 굴로 들어가서 소리치며 소란을 피웠다.

"늑대야, 머리 넣어, 너를 속인 여우가 가고 있어!"

늑대가 머리를 밀어 넣었다. 그러나 좁은 굴에 늑대의 머리는 꽉 끼었으며 아무리 해도 빼낼 수가 없었다. 여우는 다시 웃었다. 늑대는 매우 화를 냈다. 여우는 늑대의 머리를 먹고 뼈만 남겨 두고 도망갔다.

달려가다가 도중에 다른 늑대를 만났다. 그 늑대가 여우에게 물었다.

"여우야, 어디로 달려가니?"

"숲에 있는 굴로 달려가는 거야!"

늑대는 굴에서 겨우 머리를 빼냈다. 다시 여우 뒤를 쫓았다. 도중에 다른 늑대를 만났다. 그 늑대가 그를 보고 물었다.

"너는 꼬리와 머리를 어디에 둔 거야?"

"여우가 나를 이렇게 만들었어! 친구야, 혹시 그 여우 보지 못했니?"

"보았어. 저기 저 굴에 숨었어."

"가자, 그 여우를 죽이자!"

그들은 굴로 갔다. 늑대들이 소리치기 시작했다.

"여우야, 너 여기 있니?"

여우는 대답하지 않았다. 늑대들은 다시 소리쳤다.

"여우야, 너 여기 있니?"

여우가 소리쳤다.

"여기 있어, 눈이 아파!"

"여우야, 나와."

"나갈 수가 없어. 눈이 아파서 아무것도 보이지 않아."

늑대들이 말했다.

"거짓말하고 있어. 굴을 파자!"

그들은 굴을 파기 시작했다. 굴을 파고 여우를 끌어내서 갈기갈기 찢어 버렸다.

쿠트흐와 게

옛날에 쿠트흐와 아내 미티가 살았다. 쿠트흐는 곶으로 갈 채비를 했다. 쿠트흐가 말했다.

"미티, 내 모자, 장갑, 허리띠 줘!"

미티가 말했다.

"쿠트흐, 원하면 지금 바로 출발해도 돼!"

쿠트흐는 곶으로 갔다. 곶에 다가가서 바다짐승들을 만났고 모두를 걷어차며 말했다.

"바로 이게 너희에게 해야 하는 거야!"

조금 더 앞으로 가서 보니 바닷게가 자고 있었다. 그는 게를 깨웠다. 그러나 게는 깊이 잠이 들었다.

"이봐, 게야, 일어나!"

게는 눈을 뜨고 말했다.

"나는 자고 싶어, 쿠트흐, 나를 방해하지 마!"

쿠트흐가 말했다.

"알았어, 게야, 일어나, 실컷 잤어!"

게가 일어났다. 쿠트흐는 바로 말했다.

"이봐, 게야, 나를 태워 줘."

쿠트흐는 게의 등에 타고 게는 바다로 갔다. 쿠트흐는 노래를 불렀다.

"내가 물 위로 가고 있어. 미티, 당신은 집에 있는 게 더 나아."

게는 그를 태우고 갔으며 쿠트호는 소리쳤다.

"이봐, 게야, 나를 놓아줘, 넌 물속에 들어갈 거잖아!"

게가 말했다.

"쿠트호, 왜 날 깨운 거야? 이제 무섭지 않아."

그는 쿠트호를 바다 한가운데로 태우고 갔다. 바다 가운데에 커다란 둥근 돌이 있었다. 게는 쿠트호를 이 돌에 남겨두었다. 쿠트호는 앉았고 파도가 돌로 올라와서 쿠트호를 넘어뜨렸다. 쿠트호는 털가죽에 얼굴을 숨겼는데 들어 보니 돌 밑에서 사람들이 이야기를 나누고 있었다. 갑자기 커다란 파도가 와서 쿠트호를 돌 밑으로 던져 버렸다.

그는 계단을 따라 내려갔고 거기에서 바다 사람들이 그를 맞이했다. 그들은 그를 환대했다. 말린 고기를 먹였다. 잠자리도 마련해 주었다. 바다 청년들은 물을 전부 숨겼고 강을 마르게 했다. 쿠트호는 밤에 잠이 들었고 물이 마시고 싶었는데 집에서 물을 찾을 수 없었다. 쿠트호는 강으로 갔다. 강 전체가 말라 버렸다. 그는 자신의 집안 식구들, 아내, 어린 자식들을 떠올렸다. 전부 이름을 불렀다. 쿠트호가 말했다.

"미티, 당신과 아이들은 물을 마시겠지만 난 여기서 갈증으로 죽어 가!"

이 바다 청년들이 들었지만 일어나지 않았다. 쿠트흐가 나이가 차서 아가씨가 된 자신의 아이들을 떠올리기 시작했다.

"시나네브트, 아나라클나브트, 너희는 물을 마시겠지만 너희 아버지는 갈증으로 죽어 가!"

이때 바다 청년들이 쿠트흐가 애처롭게 우는 것을 지금 막 들은 것처럼 일어나서 말했다.

"여자들이 우리 손님을 성가시게 하는군! 그에게 마실 것을 주지 않았잖아."

곧 물이 나타났다. 쿠트흐는 마시기 시작했다. 그 청년들은 바이다라[5)]에 물을 따랐다. 쿠트흐는 물을 다 마셨다. 그는 강으로 갔다. 거기서 다시 물을 마시기 시작했다. 마시고 나서 갈증이 해소되었다. 쿠트흐는 딸들을 약혼시켰다. 신랑들은 쿠트흐를 바이다라에 태워 집으로 데리고 갔다. 쿠트흐는 무슨 일이 일어났는지 아내에게 모두 설명했다.

"미티, 딸들에게 모이라고 명령해. 시집보내야겠어. 그 아이들을 약혼시켰어."

---

5) 바이다라 : 짐승 가죽으로 만든 배.

그의 딸은 모두 시집을 갔다. 모두 즐겁게 살았다.

알처녀들

옛날에 쿠트흐와 아내가 살았다. 그들에게는 예멤쿠트라는 외아들이 있었다. 그들은 아주 잘 살았다.

어느 날 쿠트흐와 미티가 달걀을 가지러 곶으로 갔다. 도착해서 미티는 매우 커다란 알을 모으기 시작했다. 백조알, 거위 알, 독수리 알, 갈매기 알. 그러나 쿠트흐는 가장 작은 알, 도요새 알, 작은 오리 알과 온갖 작은 새들의 알을 모았다.

쿠트흐는 미티에게 다가가 미티의 커다란 알을 보고 말했다.

"왜 당신은 커다란 알을 모으고 난 작은 알을 모으는 거지?"

그들은 말다툼하기 시작했다. 미티는 화를 내고 집으로 갔으며 쿠트흐는 남았다.

그는 커다란 알과 작은 알 들을 많이 모았다. 그런 다음 바다 가까이에 임시 천막과 작은 집을 지었다. 알로 두 명의 아가씨를 만들고 임시 천막 안의 깔개 위에 그들을 두었다. 그리고 집으로 갔다.

그런 다음 그는 오랫동안 아무 곳도 다니지 않았다.

그러나 그의 아들, 예멤쿠트는 영원히 숲을 돌아다니며 짐승과 새 들을 아주 많이 잡았다.

어느 날 쿠트흐는 곶을 산책할 생각을 했다. 곶을 걸어 다니다 얼룩 물범을 발견했다. 물범을 풀 위에 놓고 앞으로 갔다. 그런 다음 임시 천막과 작은 집을 보았다. 그는 생각했다. '여기 누가 살지? 여기는 그 누구도 산 적이 없는데. 보자.'

쿠트흐는 그곳을 보러 갔다. 아가씨들이 그를 보고 매우 기뻐했다.

그들은 아버지를 맞이하러 가서 말했다.

"어머! 우리 아버지가 오셔! 아버지를 너무 그리워했어요! 아버지가 우리에게 영영 오시지 않을 거라고 생각했어요. 아버지, 우리가 잘 대접할게요. 나리를 많이 볶고 좋은 톨쿠샤를 준비하고 열매를 모아 올게요!"

그들은 작은 집으로 들어갔다. 아가씨들은 집안일로 분주했다. 쿠트흐는 잠이 들었다. 해가 지기 시작했다. 아가씨들은 쿠트흐를 깨우고 잘 대접했다. 완전히 어두워지자 쿠트흐는 집으로 갔다. 물범에 대해서조차 잊고 있었다. 그는 매우 서둘러 갔다.

그는 집에 도착해서 아내에게 말했다.

"곶을 따라 걸어가다가 임시 천막이 있는 작은 집이 있는 것을 보았어. 가서 보니 집에서 두 명의 아가씨가 나와서 아버지를 마중 나왔다고 하면서 환대하는 거야. 나를 매우 그리워했다면서 말이야. 나는 이 아가씨들이 정말 내 자식인가 하고 놀랐어. 그때 그들은 매우 푸짐하게 나를 대접하면서 '아버지, 언제든지 오세요, 다시 잘 대접할게요. 온갖 음식을 해 드릴게요!'라고 말하는 거야."

다음 날 쿠트흐는 다시 아가씨들에게로 갔고 그들은 다시 그를 극진히 대접했다.

쿠트흐는 매일 그들에게 다니기 시작했다. 미티는 질투하며 말했다.

"쿠트흐, 당신 숲에 계속 다닐 거야! 거기 뭐 재미난 거라도 찾은 거야?"

쿠트흐는 미티의 말을 듣지 않고 여전히 아가씨들에게 다닌다.

어느 날 쿠트흐는 예멤쿠트를 불렀다. 예멤쿠트가 왔고 쿠트흐는 말했다.

"예멤쿠트! 거기 곶에 아름다운 아가씨 두 명이 살고 있어. 너에게는 좋은 신붓감들이다. 내일 내가 가서 한 여자를 너와 짝지어 주마."

쿠트흐는 다음 날 며느릿감을 구하러 갔다.

아가씨들은 다시 매우 기뻐했고 다시 쿠트흐를 융숭하게

대접했다. 그는 아무 말도 하지 못하고 아무것도 하지 못한 채 집으로 갔다.

다음 날 쿠트흐는 예멤쿠트에게 스스로 청혼하러 가라고 명령했다.

"나는 아무것도 할 수 없어. 그 아가씨들은 나를 아버지로 생각해. 네가 알아서 해 봐!"

예멤쿠트가 갔다. 아가씨들은 그를 반겼다. 그들은 반갑게 맞이하며 산해진미를 만들어 융숭하게 대접하려 했다. 예멤쿠트는 그들의 집에 있기를 거부했다. 그 역시 아무 말도 할 수 없었다. 그는 왜 그런 말을 하지 못했을까? 그는 아무 소득도 없이 집으로 갔다.

그러나 시나네브트와 암자락찬, 이 두 아가씨들은 이미 아버지와 오빠가 그들에게 다녀간 일에는 무슨 사연이 있다는 것을 알아차렸다. 시나네브트가 말했다.

"우리는 이 장소를 떠나야 해. 아버지는 우리에게 왠지 자주 찾아오셨어. 길을 떠날 채비를 하고 음식을 준비하자. 고래를 찾으러 가는 거야."

아가씨들은 일하기 시작했다. 바늘꽃으로 요리하고 생선을 말리고 털가죽, 모자, 장갑을 만들었다. 모든 것이 만들어졌고 모든 음식을 마련했으며 밖으로 모두 날랐다. 집과 임시 천막을 불태웠다.

곶을 따라 걸어서 고래를 불렀고 그를 타고 바다로 나갔다.

다음 날 예멤쿠트와 쿠트흐는 다시 청혼하러 갔다. 아가씨들이 살았던 그 자리에 왔지만 거기에는 이미 아무도 없었다. 그들의 흔적을 찾기로 결심했다. 바다로 흔적들이 나 있었다. 그들은 생각했다. '아가씨들이 어디로 떠난 거지? 물 밑에 가라앉은 거 아냐!' 그들은 집으로 돌아갔다.

아가씨들은 매우 오랫동안 항해했다. 동생 암자락찬은 내내 잤고 한 번도 일어나지 않았으며 일도 한 적이 없었다. 언니가 모든 것을 했다.

어느 날 고래가 멈췄다. 시나네브트는 생각했다. '우리는 육지에 있는 거 같은데? 바늘로 구멍을 만들어야겠어!'

시나네브트는 작은 구멍을 만들어 구멍을 통해 땅을 보았다. 밖으로 나왔다. 아주 좋은 장소에 그들이 있었다. 딸기가 자라고 호두, 나물, 바늘꽃도 자라고 있었다. 시나네브트는 산책을 하고 배불리 먹었다. 나물을 모아서 고래에게로 가지고 갔다.

동생은 내내 자고 있었다. 시나네브트는 그녀의 머리맡에 나물을 놓고 그런 다음 깨워 물었다.

"너 무슨 꿈을 꾸었니?"

"아무 꿈도 꾸지 않았어. 나 너무 지루해. 우리 너무 오래

육지를 보지 못했어! 지금 땅에 있는 것 같아!"

시나네브트가 말했다.

"난 오늘 머리맡에 나물이 있는 것 같은 꿈을 꾸었어. 봐 봐!"

동생은 머리맡으로 다가갔고 거기에 정말 나물이 있는 게 아닌가! 그녀는 매우 기뻐했고 생각했다. '이 나물은 어디서 난 거지? 정말 우리는 육지에 도달한 건가?'

그때 그들은 고래에서 내리려고 했다. 곧 숲으로 갔다. 거기에 다시 작은 집을 짓고 일을 시작했다. 바늘꽃으로 요리를 많이 했다.

그들은 그렇게 아주 오랫동안 살았다. 그들은 시집갈 생각을 하게 되었다. 바늘꽃으로 곰과 순록을 만들었다. 동생은 곰을 타고 순록은 언니가 탔다. 하나는 순록으로, 다른 하나는 곰으로 변신을 시도했다.

순록이 먼저 걸어갔다. 언니는 동생에게 그녀가 어떻게 가는지 보라고 명령했다. 진짜 순록처럼 걸었고 뛰면서 걸어갔다. 그런 다음 돌아왔다.

곰이 다음으로 걸어갔다. 동생은 곰처럼 걸었고 머리를 숙이면서 걸었다.

시나네브트는 동생에게 말했다.

"나는 지금 남편을 찾으러 갈 거야. 너에게 말해 둘 게 있어. 잘생긴 남자에게 시집가면 안 돼. 추한 남자에게 시집가. 그런 다음 나의 남편을 보게 되면 너의 남편도 그렇게 될 거야."

시나네브트는 순록으로 변했고 암자락찬은 곰으로 변했다. 시나네브트는 곧 곰에게 사슬을 채우고 자신은 순록 모습으로 툰드라를 향해 갔다. 곰은 사슬을 끊기 시작했다.

순록이 곰을 보았다. 시나네브트는 동생을 불쌍하게 여겨 동생에게 돌아가다가 다시 툰드라로 갔다. 보면 갈 수가 없었다. 동생이 너무 불쌍했기 때문이다. 시나네브트는 세 번 동생 쪽으로 몸을 돌렸다. 그런 다음 순록은 툰드라로 떠났고 곰은 혼자 남았다.

순록은 사냥꾼에게로 곧장 갔다. 사냥꾼은 순록을 보고 몰래 다가가 쏘아서 죽였다. 순록의 배를 가르니 거기서 아름다운 아가씨가 나왔다. 사냥꾼은 그녀와 결혼해서 집으로 갔다. 그렇게 그들은 함께 살기 시작했다.

시나네브트는 동생이 너무 그리웠다. 그 누구에게도 아무 말도 하지 않았다. 시어머니는 밖에서 시나네브트가 그리워하고 있다는 것을 알아채고 그녀에게 묻기 시작했지만 그녀는 아무 말도 하지 않았다.

시나네브트는 들어갔고 시어머니는 그녀에게 다시 물었다.

“시나네브트야, 넌 누굴 그리워하고 있는 것이냐? 어딘가에 피붙이가 살고 있는 것이냐?”

처음에 시나네브트는 아무 말도 하지 않았지만 시어머니는 그녀가 뭔가를 숨기고 있다는 것을 감지했다. 마침내 시나네브트는 고백했다.

“저의 여동생이 숲 저 멀리 있어요. 그 아이는 사슬에 묶여 있는데 그걸 끊어 버렸어요. 여동생은 매우 사나워요. 그 누구도 그 아이를 죽이지 못할 거예요.”

시나네브트의 남편은 사람들을 모아 순록을 타고 떠났다. 매우 빨리 가서 가능한 한 빨리 도착하려고 했다.

이 마을에 시실한이라는 이름의 사람이 있었다. 그는 순록도, 개도, 썰매 하나도 가지고 있지 않았다. 그는 천천히 길을 떠날 채비를 했다. 그는 서둘 이유가 없었고 언젠가 개 대신 쓸 쥐를 잡아 두었다. 구멍과 틈을 돌아다니며 휘파람을 불고 쥐를 불렀다. 쉬어 버린 생선을 꺼낸 구유통을 썰매 대신 썼고 난로 불쏘시개를 썰매 장대 대신 썼다. 쥐를 구유통에 묶고 길을 떠났다. 도중에 쥐들은 구멍으로, 틈새 안으로 달려갔다. 거기서 친구들은 화살이 다 떨어졌고 그는 그때 마침 도착했다. 그의 활은 가는 나무로 만들어졌고 화살은 가지로, 화살촉은 오리나무로 만들어졌다. 친구들이 그에게 재촉했다. 빨리 와, 빨리 곰에게 화살을 쏴.

시실한은 가서 즉시 화살을 쏘았다. 화살은 아직 곰에게 도달하지도 않았는데 곰이 쓰러졌다. 곰의 배를 여니 거기서 아름다운 아가씨가 나왔다. 그녀는 땀에 젖어 있었고 매우 오랫동안 사슬에 묶여 있었다.

사냥꾼들은 그녀를 자신의 썰매에 태우려고 부르기 시작했지만 그녀는 그 누구에게도 가지 않고 말했다.

“누가 나를 잡았나요, 그 사람의 썰매를 타겠어요.”

사냥꾼들이 말했다.

“왜 그의 썰매를 타려는 거죠? 보세요, 그의 썰매는 쉬어버린 생선을 담던 거예요!”

그녀는 그 누구의 썰매도 타지 않았다. 시실한에게로 다가가 그의 구유통에 탔다.

그들은 아주 얌전히 갔다. 언덕에서 시실한은 썰매를 들어 올렸다. 어떤 장소에서 시실한은 숲으로 갔다. 거기서 순록들을 불러 한쪽 귀로 들어가서 다른 쪽 귀로 나오니 매우 아름다운 사람이 되었다. 그 주변에는 아름다운 순록들, 아름다운 썰매가 있었다. 그는 썰매를 타고 아내에게 갔다. 그의 아내는 알아보지 못했다.

“당신은 저의 남편이 아니에요! 나의 남편은 아주 못생긴 사람이에요!”

남편이 말했다.

"나 역시 당신 남편이오. 자, 타시오!"

그들은 갔다. 매우 빨리 달렸다. 갑자기 강한 눈보라가 일었다. 그들은 집으로 다가갔고 전속력으로 달려서 집을 지나쳤다.

그들은 잘 살기 시작했다. 다음 날 자매는 만났다. 시나네브트가 말했다.

"암자락찬아, 내가 너에게 잘생긴 남자에게 시집가지 말라고 한 말을 기억하지? 내 말을 들어서 일이 잘된 거야. 지금 봐, 너의 남편은 나의 남편보다 더 잘생겼잖아. 부디 잘 살아라. 좋은 일만 가득하길!"

그렇게 자매는 잘 살았다.

쿠트흐와 예멤쿠트의 싸움

옛날에 쿠트흐와 예멤쿠트가 살았다. 쿠트흐는 내내 집에 있었고 결코 그 어디에도 다니지 않았다. 너무 누워 있어서 머리카락이 조금 썩었다.

예멤쿠트는 내내 숲을 돌아다녔다. 여러 짐승과 조류를 많이 잡았다. 그는 항상 똑같은 장소를 다녔다. 거기에는 다양한 짐승들이 많이 있었다.

어느 날 예멤쿠트는 쉬려고 앉았다. 숲 주변에 앉았다. 갑자기 어딘가에서 누군가가 매우 아름답게 노래하는 소리가 들렸다. 예멤쿠트는 귀를 기울이며 생각했다. '누가 이렇게 노래를 잘하는 거지? 내가 봐야겠다!'

그는 노랫소리가 들리는 곳으로 갔다. 노래는 더욱더 크게 들렸다. 예멤쿠트는 심지어 심장이 아프기 시작했다. 노래하는 사람이 그에게로 곧장 걸어왔다. 예멤쿠트는 나무구멍으로 숨었다. 그러나 가수는 더욱더 가까이 다가왔다. 예멤쿠트는 떨었다. 갑자기 노래하는 이야남리챠흐[6]가 모습을 드러냈다. 그녀가 예멤쿠트에게로 다가오자 그는 나무

---

6) 이텔멘어로 딸기란 의미다.

구멍에서 튀어나와 그녀를 안았다. 곧 그는 그녀와 결혼하고 즉시 아이를 낳았다.

이야남리챠흐는 예멤쿠트에게 말했다.

"당신은 나를 가졌지만 난 사실 숲의 사람이에요. 우리가 당신 집에서 어떻게 살겠어요? 나는 아무것도 가진 게 없어요. 걷다가 시집을 간 거예요."

예멤쿠트는 아무 말도 할 수 없었다. 아내는 너무 아름다워!

"이제 나의 집으로 가야 할 때요. 갑시다. 당신은 나에게 아무것도 해 주지 않아도 돼. 그리워하지 마. 그리워하는 건 금지야."

예멤쿠트는 이야남리챠흐와 쿠트흐가 있는 부락으로 갔다. 그들이 왔지만 쿠트흐는 침대에 계속 누워 있었다. 예멤쿠트는 아내와 함께 집 안으로 들어갔다. 쿠트흐는 매우 놀라서 말했다.

"예멤쿠트야, 네가 이 아름다운 아가씨를 어디서 구해 온 거냐?"

예멤쿠트가 말했다.

"숲에서 찾았어요."

쿠트흐는 이야남리챠흐가 매우 마음에 들었다. 그러자 그의 병이 곧 나았다. 그는 즉시 자신의 침대를 밖으로 던져 버렸다. 예멤쿠트에게서 아내를 빼앗을 방법을 생각하기 시작했다. '좋아, 예멤쿠트가 곰을 잡으러 출발하게 하는 거야….' 그는 생각했다.

밤이 왔다. 쿠트흐는 예멤쿠트에게 말했다.

"예멤쿠트야, 내일 곰 잡으러 가자. 저 숲에서 곰 굴을 보았어."

다음 날 그들은 곰 잡으러 갔다. 그들이 숲으로 다가갔을 때 쿠트흐는 계속 걸었고 예멤쿠트에게 말했다.

"먼저 가."

예멤쿠트는 아무것도 의심하지 않고 갔다. 쿠트흐는 그를 바짝 뒤쫓아갔다. 예멤쿠트는 굴로 살금살금 다가갔다. 굴에 다다랐을 때 쿠트흐는 그를 굴로 밀었다.

예멤쿠트는 곰에게로 떨어졌고 곰들은 그를 영접했다. 암컷 곰이 자신의 친지들에게 말했다.

"이 사람을 건드리지 마! 사람들은 그의 아름다운 아내 때문에 그를 죽이려고 해. 곰 고기를 그에게 요리해서 줘! 잘 대접해서 줘."

예멤쿠트는 대접을 잘 받았다. 곰 고기를 실컷 먹었다. 그런 다음 곰들은 잠자리에 들라고 명령했다. 예멤쿠트는 푹 잤다.

쿠트흐는 이야남리챠흐에게로 갔다. 그는 그녀에게 자

신과 자자고 명령했다. 이야남리챠흐는 거절했다. 그때 쿠트흐는 옷을 홀딱 벗고 그녀 옆에 나란히 누웠다. 이야남리챠흐는 쐐기덤불로 짠 가시가 있는 셔츠를 입고 쿠트흐와 잤다. 쿠트흐는 이야남리챠흐에게 딱 붙었는데 몸이 아주 심하게 불탄 것 같았다. 쿠트흐가 말했다.

"왜 너의 몸은 바늘투성이냐? 너는 남편과는 어떻게 자느냐?"

이야남리챠흐가 쿠트흐에게 말했다.

"나를 꽉 안아 줘요! 당신은 왜 나의 남편을 곰에게 밀었어요? 이제 당신은 나와 자야 해요!"

쿠트흐는 이야남리챠흐와 잘 수 없었다. 너무 아팠기 때문이다. 일어나서 이야남리챠흐에게 말했다.

"이야남리챠흐야, 너는 그래도 소용없어. 예멤쿠트는 오지 않을 거야. 곰들이 그를 찢어 놨으니까."

말이 다 끝나지 않았는데 예멤쿠트가 나타났다. 아내는 그를 매우 반겼다. 그러나 쿠트흐는 매우 놀랐다. 그는 밖으로 나와 밖에서 밤을 지새웠다.

며칠 후 집으로 돌아왔다. 예멤쿠트를 고기 잡으러 보내려고 불렀다.

"예멤쿠트야, 낚시하러 가자! 저기 작은 만에 고기가 많아. 저기로 가자."

예멤쿠트는 동의했다. 그들은 생선을 잡으러 갔다. 강으로 다가갔을 때 쿠트흐는 다시 예멤쿠트에게 앞으로 걸어가라고 지시했다. 그가 기슭에 다가갔을 때 쿠트흐는 몰래 다가가 예멤쿠트를 물속으로 밀었고 자신은 빨리 집으로 돌아갔다.

예멤쿠트는 연어가 있는 곳에 떨어졌다. 연어들은 그를 환대했다. 장로 연어가 말했다.

"얘들아, 이 사람을 해치지 마! 사람들이 아름다운 아내 때문에 그를 죽이려고 해. 그를 위해서 연어를 좀 더 요리하도록 해."

예멤쿠트는 대접을 잘 받았고 실컷 먹었다. 예멤쿠트는 푹 자고 다시 집으로 갔다.

그러나 쿠트흐는 이번에도 이야남리챠흐에게 아무 짓도 할 수 없었다. 다시 예멤쿠트는 아내의 침실에서 그를 발견했다. 다시 쿠트흐에게 아무 짓도 하지 않았다. 예멤쿠트는 악하지 않고 착한 사람이다.

다시 쿠트흐는 숲 어딘가로 갔다. 며칠 동안 돌아오지 않았다. 예멤쿠트는 생각했다. '쿠트흐는 어디로 사라진 거지? 누군가가 그를 죽인 걸까?'

쿠트흐는 며칠 후 돌아왔고 검은담비를 잡으러 가자고 예멤쿠트를 불렀다.

"바로 저기 언덕에서 검은담비의 발자국이 많이 나 있는 것을 보았어."

다시 예멤쿠트는 갔지만 아무것도 두려워하지 않았다. 작은 언덕으로 다가갔을 때 예멤쿠트는 다시 앞에서 걸었다. 구멍에 다가갔는데 그 구멍은 표면이 교묘하게 가려져 있었다. 마치 그 어떤 구멍도 없었던 것처럼. 예멤쿠트는 이 구멍에 빠졌다. 쿠트흐는 빨리 구멍을 파서 후에 이 자리로 올 수 있도록 그 자리에 막대기를 세워 두었던 것이다.

그는 집으로 돌아갔고 다시 이야남리챠흐에게로 다가갔다. 이야남리챠흐는 쐐기풀로 만든 옷을 입었고 그렇게 그들은 살기 시작했다. 며칠 함께 살았다.

예멤쿠트는 죽지 않았다. 며칠 동안 땅을 파 구멍에서 빠져나왔다. 구멍은 깊었다. 예멤쿠트는 매우 피곤했지만 모든 것을 해 냈다. 집으로 갔다. 집에 도착하기 전에 땅에 쓰러졌고 그 누구도 그를 알아채지 못했다. 그렇게 예멤쿠트는 하루 종일 누워 있었다. 그는 다음 날 집에 겨우 도착했다. 들어가서 보니 쿠트흐와 이야남리챠흐가 함께 누워 있었다. 예멤쿠트가 말했다.

"쿠트흐, 당신 뭘 하시는 겁니까? 옷을 입고 숲으로 갑시다! 당신은 며칠 동안 시도했어도 나를 죽일 수 없었어요. 곰에게 밀었지만 곰은 저를 잘 대해 주었고 물에 밀었지만 거기 연어들이 저를 환대해 주었으며 생선을 실컷 먹였죠. 그렇게 당신은 나를 깊은 구멍에 밀었고 거기서 굶어서 죽을 뻔했지만 집으로 돌아왔어요. 이제 숲으로 갑시다. 나는 항상 당신의 말을 들었어요. 당신이 나를 어디로 부르든 즉시 갔어요."

예멤쿠트는 쿠트흐와 함께 숲으로 갔다. 그리 멀리 가지 않았다. 예멤쿠트는 세 마리의 늑대와 네 마리의 곰을 불렀고 그들에게 원을 만들라고 명령했다. 그들은 그렇게 했다. 쿠트흐는 그 중앙에 서 있게 되었다.

예멤쿠트는 곰과 늑대들에게 쿠트흐를 찢어 버리라고 명령했다.

그들은 쿠트흐를 갈기갈기 찢었다.

예멤쿠트는 다시 잘 살기 시작했다.

쿠트흐와 미티의 딸 냐아

옛날에 쿠트흐와 미티가 살았다. 쿠트흐는 아무 데도 가지 않고 항상 집에 있었다. 갑자기 쿠트흐가 말했다.

"미티! 나는 바람 좀 쐬러 갔다 올게. 멀리 가지 않고 여기서 왔다 갔다 할 거야."

"가. 그 어디에서도 장난치지 마."

"안 그래, 미티!"

쿠트흐는 털가죽을 입고 허리띠를 하고 갔다. 걷다가 보니 자기 집 마당에 늙은 암쥐가 앉아 있었다.

"안녕!"

"안녕하세요, 쿠트흐! 어디 가세요?"

"바람 쐬러."

"앉아요. 당신은 아이가 있어요?"

"없어. 딸은 없고 아들은 하나 있어. 나와 미티는 둘이서 살아."

쿠트흐는 암쥐에게 아이에 대해 아무 말도 하지 않았다. 암쥐가 말했다.

"차 마시러 들러요."

"가자, 차 마시자."

그들은 들어갔다. 암쥐는 곧 자신의 손자 쥐들에게 말했다.

"자, 그에게 뭔가 짭짜름한 것을 대접해, 목이 마르도록 말이다. 물은 숨겨."

쿠트흐는 배불리 먹고 말했다.

"이제 차를 끓여!"

"할아버지, 끓일 연료가 떨어졌어요. 장작이 젖었어요."

그때 집 안이 너무 어두워졌다. 쿠트흐는 놀랐다.

"이건 뭐야? 막 해가 떴잖아."

"해가 졌어요. 어둠 속에서 어디로 가겠어요. 여기 누워요. 곧 주전자에 물을 끓일 테니까요."

쿠트흐는 누웠고 쥐들도 모두 누웠지만 암쥐는 자지 않았다. 쿠트흐는 목구멍이 말라서 잘 수가 없었고 그의 모든 정신이 고갈되었다. 그는 일어나서 물을 찾기 시작했지만 아무것도 찾을 수 없었다. 어쨌든 그는 견뎠고 딸이 있다고 밝히지 않았다. 갈증은 더욱더 심해졌고 목구멍은 불이 나서 타들어 가는 듯했다. 쿠트흐는 노래를 시작했다.

"시나네브트야, 그릇에 물을 가져다줘."

쥐의 귀는 넓게 펼쳐졌다. 딸이 하나 있군. 그때 쿠트흐가 다시 노래하기 시작했다.

"안 오라클나브트야, 양동이로 물을 가져다줘! 내가 목이 말라!"

암쥐는 다시 귀를 펼쳤다. 또 다른 딸이 나왔군. 쿠트흐는 다시 노래하기 시작했다.

"므로로트야, 지금 물을 그릇에 따라 줘."

암쥐는 또 주의 깊게 귀를 기울였다. 셋째 딸도 있군. 그때 쿠트흐는 조용히 말했다.

"냐아야, 그 무엇과도 바꾸지 않을 거야."

그는 참고 또 참았지만 더 이상 참을 힘이 없었다. 너무 목이 말랐다. 조용히 노래하기 시작했다.

"냐아야, 내 귀여운 아가야, 거울처럼 물속을 보고 있구나!"

그때 암쥐가 일어나 말했다.

"목이 무척 마른 모양이군요. 마시세요."

쿠트흐는 첫 사발을 들이마셨지만 아무 감각도 없었다. 암쥐가 물었다.

"당신에게 아이들이 있죠?"

"그래, 나에게 아이가 있어. 넷이야."

"나의 아들을 당신의 막내딸과 결혼시키세요."

"결혼시켜. 이제 더 진한 차를 끓여, 차를 마시자."

"좋아요, 할아버지!"

쿠트흐가 말했다.

"우선 너의 집을 나간 다음 다시 올게. 내가 너희 집에 있었다는 말은 하지 마."

"당신을 배신하지 않을 겁니다." 암쥐가 말했다.

쿠트흐는 차를 마시고 나가서 집으로 왔다.

"왔어요?" 미티가 물었다.

"왔어, 바람 잘 쐬고 왔어."

"앉아서 좀 먹어요!"

"안 먹을 거야. 나 몸이 좀 안 좋아. 누워서 쉬어야겠어. 나 건드리지 마. 누가 와도 건드리지 마. 심한 병에 걸렸어."

그때 냐아가 집으로 들어와서 말했다.

"엄마, 아주 많은 쥐가 썰매에 뭔가를 싣고 이리로 와요."

쿠트흐가 이 말을 듣고 즉시 신음 소리를 냈다.

"오, 미티, 머리가 지끈거려. 가운데가 쿡쿡 쑤셔, 쪼개질 것 같아!"

"쿠트흐, 왜 그래요?"

"미티, 정말이야. 나한테 그 누구도 들여보내지 마."

쥐들이 온갖 저장품을 가지고 와 미티에게 주었다. 그러자 미티가 물었다.

"나에게 왜 이런 것들을 가지고 온 건가요?"

쿠트흐가 집 안에서 소리를 질렀다. 쥐들이 물었다.

"미티, 당신 집에서 누가 소리를 지르는 거죠?"

"쿠트흐가 무슨 병에 걸린 것 같아요, 머리가 지끈거린다고 하네요."

"어머, 무슨 일이죠, 미티? 그는 조금 전까지 우리 집에 있었고 차도 마시고 대접도 잘 받았는데."

"당신 집에 그가 있었다고요?"

"네, 있었어요. 우리는 그 일 때문에 온 거고요. 그는 우리에게 당신 딸을 주기로 약속했어요. 당신 막내 딸 냐아가 우리에게 딱 맞아요. 제 아들이 좋은 아내를 맞게 되었어요."

미티는 서 있던 자리에서 쓰러졌다. 집으로 들어갔다.

"일어나, 빌어먹을 자식! 집에서 나가자마자 일을 치다니!"

"오, 미티, 머리가 너무 아파."

"일어나, 화상아! 술이 취한 것도 아니고 나의 어린 딸을 차 한 잔에 팔아!"

"미티, 너무 목이 말랐어, 내장이 바짝 말랐어!"

"입 닥쳐, 탐욕스러운 인간아!"

"쥐들은 어디 있어?"

"저기 마당에 있어."

"들어오라고 해!"

쥐들이 온갖 볶은 뿌리들을 가지고 들어왔다. 그러나 쿠트흐에게는 그것만 눈에 들어왔다.

"미티! 앉아서 먹어 봐!"

미티가 말했다.

"당신이나 게걸스럽게 먹고 처먹고, 배가 터져 버려!"

냐아는 통곡을 하고 바닥에 쓰러졌으며 쥐들에게 가려고 하지 않았다.

쿠트흐가 말했다.

"울지 마! 대신 온갖 뿌리 음식을 먹을 수 있고 푹신한 침대에서 잘 수 있잖아."

"어쨌든 난 쥐한테 가지 않을 거예요. 딱딱한 이불에서 자도 좋아요!"

"내 말 들어, 냐아. 말 듣지 않으면 부녀의 연을 끊자."

어머니와 언니들은 그녀 때문에 울었고 쿠트흐는 뿌리 음식을 먹었다. 그때 쥐들이 말했다.

"딸을 주세요, 우리는 이제 그녀를 데리고 떠날 겁니다."

냐아는 쥐를 발로 걷어차면서 가려 하지 않았다. 쥐들은 그렇게 해도 그녀를 데리고 갔다.

아침에 쥐들은 일어나서 냐아에게 말했다.

"우리와 야생 감자를 가지러 가자."

그들은 갔다. 쥐들은 자신들의 쥐 헛간에서 야생 감자를 입에 물고 집으로 가지고 가기 시작했지만 냐아는 사람들이 모으는 대로 따라 모았다. 그녀는 막대기를 잡고 흙을 찔러

대기 시작했다. 야생 감자가 부스럭거리는 소리가 나는 곳에서 그녀는 쥐의 창고를 파헤쳤으며 야생 감자를 바구니에 담았다. 쥐들은 암쥐에게로 달려가서 불평했다.

"그녀가 일을 너무 못해요. 막대기를 들고 땅을 찔러 대서 우리 헛간이 망가졌어요."

암쥐가 말했다.

"내가 들으니 땅속에서 뭔가 바스락거렸어. 그 애는 신기했을 거야. 우리랑 다르잖니."

냐아가 바구니에 야생 감자를 들고 왔다. 그녀는 야생 감자를 볶았지만 쥐들은 먹지 않았다.

"우리는 이런 감자를 먹지 않아. 마카르샤[7]를 넣지 않고 볶았잖아. 너나 먹어!"

그들은 자려고 했다. 쥐들은 자신의 푹신한 침대에 누웠지만 냐아는 모피 가죽을 깔았다. 쥐들은 화가 나서 불평해댔다.

"우리 오빠가 오면 너에 대해 말해 줄 거야. 왜 이런 무능한 여자가 우리한테 온 거지?"

아침에 암쥐가 일어나 말했다.

"그녀를 툰드라로 데리고 가서 쥐의 방식으로 야생 감자

7) 마카르샤: 식용 뿌리.

를 파게 해."

그들은 갔다. 쥐들은 야생 감자를 자기 식대로 파기 시작했지만 냐아는 다시 막대기로 파기 시작했다. 쥐들은 이미 곡물 창고의 반을 가지고 갔지만 그녀는 계속 파기만 했다. 쥐들이 집으로 와서 다시 암쥐에게 불평을 늘어놓았다.

"할머니, 우리는 머리가 너무 아파요. 그녀는 하루 종일 막대기로 땅을 찌르기만 하고 심지어 땅이 흔들릴 정도예요. 그녀를 쫓아냅시다. 어쨌든 그녀는 아무것도 할 줄 모르잖아요. 왜 우리가 그런 여자를 데리고 있어야 해요? 오빠에게 그녀에 대해 전부 말할 거예요."

그러나 냐아는 두 아이를 낳았다. 남매였다. 암쥐는 저녁에 앉아서 어떤 개 꼬리를 찾았는데 전부 엉켜 있었다. 암쥐는 이 꼬리를 살짝 그녀가 소지품을 보관하는 자루에 쑤셔 넣었다. 쥐들은 자기 자루를 들고 파기 시작했다.

"할머니, 우리 개 꼬리가 사라졌어요!"

"어떻게 된 거야!"

"할머니 진짜예요."

그러나 냐아는 아무것도 모르고 앉아서 실을 꼬았다. 쥐들은 그녀에게로 갔다.

"네 자루 어디 있어?"

"왜 그러는 거야?"

쥐들은 달려들어 냐아의 자루를 잡고 거기서 자신들의 개 꼬리를 꺼냈다.

"할머니, 우리 개 꼬리 여기 있어요! 그녀가 훔쳐 갔어요!"

"너희가 꾸민 일이잖아!" 냐아가 말했다.

모두 그녀에게 소리쳤다.

"도둑년!"

냐아가 말했다.

"이 개 꼬리가 나에게 왜 필요하겠어? 난 그런 꼬리 본 적도 없어."

어쨌든 쥐들은 그녀에게 욕을 했다. 그때 그들의 오빠가 왔다. 그들은 그에게 불평을 늘어놓았다. 그는 화를 내며 냐아를 집에서 쫓아냈다. 그녀는 눈길 닿는 곳으로 걸어갔다. 그러나 아이들은 남겨 두었다. 그 아이들은 밤낮으로 울며 엄마를 찾았다. 쥐들은 다시 으르렁거렸다.

"애들은 밤낮 울어 대!"

오빠가 왔다. 쥐들은 그에게 아이에 대해 불평하고 다시 그를 화나게 했다. 그는 아이들도 버렸다. 어린아이들은 어디로 가야 할지 알지 못했다. 갑자기 어떤 쓰러져 가는 집으로 뛰어들었다.

"누나 여기서 살자."

그들은 그곳에서 살게 되었고 어머니는 다락방에서 그들

을 보고 있었다. 아침에 아이들은 잠이 깼고 밖으로 나와 보니 잡힌 파리들이 있어서 그걸 먹었다. 그러나 어머니는 다락방에서 그들을 보고 울었고 눈물이 아이들에게 떨어졌다. 남자아이가 말했다.

"누나, 비가 와! 집으로 가자."

많은 시간이 흘렀다. 냐아는 누웠고 영원히 잠이 들었다. 아이들은 성장했고 주위를 뛰어다니기 시작했고 음식을 훔쳤다. 쿠트흐 집에서도 뭔가를 훔쳤다. 쿠트흐가 말했다.

"우리 집에 도둑이 든 것 같아! 내가 잡아서 교수형에 처하지 않고 그 즉시 목 졸라 죽일 거야."

아이들은 걸어 다니다 자신의 엄마를 찾았다.

"이게 뭐지?"

그들은 그녀를 살펴보기 시작했다.

"입은 냄비로 삼고 귀는 난로로 삼자. 불을 지필 수 있을 거야. 여기 콧구멍에서 연기가 빠져나갈 거야."

그런 다음 눈을 보았다.

"이 호수를 꺼낼 수 있어. 이것으로 사발을 만들자."

그들은 다시 쿠트흐 집에 도둑질하러 갔다. 쿠트흐가 나와서 그들을 쫓았다. 그들은 도망갔지만 쿠트흐는 그들의 발자국이 나 있는 것을 알아보았다. 갑자기 그는 연기를 보았다. 연기 나는 곳으로 곧장 갔다. 냐아가 누워 있고 한쪽 옆구리에 소년이, 다른 한쪽에 여자아이가 앉아 있었다. 냐아의 귀에 불이 붙어 있었고 파리가 구워지고 있었다. 쿠트흐는 소리쳤다.

"너희 여기서 무슨 못된 짓을 하고 있는 거야?"

아이들은 놀라서 도망갔다. 쿠트흐는 집으로 가서 아내에게 말했다.

"미티! 매우 안 좋은 소식을 당신에게 전해야겠어."

"무슨 일 있어요, 쿠트흐?"

"우리 냐아가 저기 죽어 있어. 그런데 어떤 아이들이 그녀를 놓고 장난을 치고 있는 거야. 그 아이의 귀에 불을 지피고 있었어."

"무슨 말을 하는 거예요, 쿠트흐? 내가 암쥐에게 달려갈게요."

암쥐는 앉아서 실을 꼬고 있었다. 그러나 암쥐의 실은 계속 말썽을 부리고 있었다.

"무슨 일이 일어났군. 누군가가 나를 기억해 냈어. 맞아, 쿠트흐가 다시 무슨 일을 저질렀어."

미티가 왔다.

"암쥐야, 안녕."

"당신이 나에게 온 걸 보니 무슨 일이 생긴 거군요."

"암쥐야, 우리 냐아에게 무슨 일이 생겼어."

"보러 갑시다."

그들이 왔다. 냐아는 누워 있고 손과 다리는 떨어져 나가 있었다.

"그렇군요." 암쥐가 말했다. 그녀는 물을 들고 말하기 시작했다.

"냐아, 냐아, 잘 가거라!"

그녀는 냐아에게 물을 뿌렸다. 보니 냐아가 하품을 했다.

"냐아야! 무슨 일이니? 잠을 자다니, 일어나! 삶으로 돌아와!"

냐아가 일어났다. 암쥐가 그녀에게 말했다.

"아버지 때문에 네가 이런 불행을 겪었구나. 그러나 더 이상 너에게 결코 이런 생활은 없을 거야. 이것도 네 팔자니. 이봐, 우냐냐스흐, 그녀의 아이들을 이리로 데리고 와!"

그들은 아이들을 데리고 왔다.

"그럼 이제 쿠트흐에게로 가자."

그들은 쿠트흐에게로 갔다. 쿠트흐는 냐아가 돌아와서 기뻐했다. 그러나 손자들을 보고 매우 화를 냈다.

"이 아이들은 쥐를 닮았군. 이 아이들의 얼굴은 완전히 쥐상이야. 냐아야, 살아라, 그렇지만 나에게 이 아이들은 필요 없어."

엄마가 어떻게 아이들을 버릴 수 있어? 마음이 너무 아프잖아! 냐아는 말했다.

"전 제 아이들을 버리지 않을 거예요. 아버지가 그런 삶을 저에게 주셨잖아요. 더 이상 전 아버지를 보지 않을 거예요."

냐아는 어딘가로 사라졌다. 그러나 미티는 쿠트흐에게 매우 화를 냈다. 영원히 화를 냈다. 그에게 아무것도 해 주지 않고 음식을 만들어 주지도 않았다.

쿠트흐 자식들과 늑대 가족

옛날에 쿠트흐가 살았다. 그에게는 예멤쿠트와 시실한이란 아들과 시나네브트와 시림이라는 딸이 있었다. 어느 날 예멤쿠트가 마당에서 화살을 만들고 있었다. 그는 시나네브트에게 말했다.

"내가 화살을 만들어도 넌 날 보지 마!"

시나네브트는 예멤쿠트를 보았다. 그러자 모든 화살이 망가졌다. 예멤쿠트는 시나네브트에게 화를 냈다. 그가 집으로 들어가 시나네브트 손을 돌 위에 놓고 절굿공이로 때려서 그녀의 손이 망가졌다. 시나네브트가 울면서 숲으로 갔다. 그녀는 호수를 발견하고 기슭에 앉아 울었다. 그 호수에는 늑대의 늙은 엄마가 살고 있었다. 시나네브트가 울자 늙은 늑대의 손녀가 말했다.

"할머니, 비가 와요!"

"가서 침대를 집으로 들여라, 젖겠다."

손녀가 밖으로 나가서 아름다운 아가씨를 보았다. 손녀는 집으로 돌아와 말했다.

"비가 아니라 아름다운 아가씨가 우는 거예요!"

할머니가 말했다.

"그 아가씨를 이리로 데리고 오너라!"

손녀는 나가서 말했다.

"들어오래요!"

시나네브트는 들어가서 앉았다. 할머니 늑대가 말했다.

"왕송어 말린 것을 대접하고 비계 한 사발 내주어라."

손녀는 말린 생선 한 묶음과 비계 한 사발을 가지고 왔다. 할머니 늑대가 말했다.

"먹을 때 눈짓을 해!"

시나네브트는 먹고 눈짓을 했으며 손을 손목까지 잔에 밀어 넣었다.

"비계를 흘렸구나!"

그때 그녀의 손이 나왔다. 시나네브트는 계속 걸어가려고 했다. 할머니 늑대는 그녀에게 지시했다.

"무언가를 찾아도 아무것도 가져가지 마. 사슴 가죽 장화를 찾으면, 그 안에 줄기를 놓아. 힘줄을 발견하면 실을 꼬아. 거기에 그것들을 매달아."

시나네브트는 걸었고 가다가 임시 천막을 발견했다. 그 안에 고기, 비계가 걸려 있었다. 그녀는 지나갔다. 계속 걸어가니 사슴 가죽 장화가 있었다. 그 안에 줄기를 놓았다. 계속 걸었다. 힘줄을 보았다. 실을 꼬아 거기에 매달았다. 계속 걸었다. 보니 작은 집이 있었다. 그 집에서 늑대 여자가 나왔다. 시나네브트를 이빨로 물고 위로 던지고 이빨로 잡기 시작했다. 던지는 것을 끝내고 물었다.

"이봐, 내가 널 다치게 했어?"

"아니, 다치게 하지 않았어!"

"난 언제나 이렇게 즐겨."

그 늑대는 시나네브트에게 먹을 것을 주었다. 그런 다음 그녀에게 사슴 가죽 장화를 수선하게 했다. 시나네브트는 수선을 말끔하게 했다. 늑대 여자는 말했다.

"이봐, 내가 널 감춰 줄게. 나에게는 오빠들이 있는데 곧 올 거야."

그녀는 시나네브트를 숨겼다. 오빠들이 와서 냄새를 맡았다.

"누이동생아, 사람 냄새가 나!"

"여긴 사람은 없어. 오빠들이 사방을 돌아다니니까 콧구멍에 사람 냄새가 배어서 그래. 집에 와서도 냄새가 나는 거야."

"누이동생아, 네 말이 맞아."

늑대 여자는 남동생에게 구석에 누우라고 지시했다.

"중앙에 눕지 마, 오빠들 쪽으로 가."

잠자리를 마련했다. 남동생이 말했다.

"중앙에 눕지 않을 거예요."

"왜 넌 중앙에 눕지 않으려고 하는 거야?"

"형들이 깊이 잠이 들잖아."

남동생은 구석에 누웠다. 모두 잠이 들었다. 늑대 여자는 밤에 일어나 시나네브트를 깨웠다.

"이봐, 일어나, 어서 집으로 달려가!"

시나네브트는 일어나서 집으로 달려갔다. 늑대 여자는 오빠를 깨워서 곰으로 변신시키고 말했다.

"시나네브트를 쫓아!"

오빠는 시나네브트를 쫓았다. 그녀가 집에서 멀지 않은 곳에 갔을 때 돌아보니 곰이 보였고 소리쳤다.

"예멤쿠트, 빨리 나와, 곰이 나를 쫓아와!"

예멤쿠트가 나와 곰에게 화살을 쏘았고 단번에 죽였다. 그들은 곰의 배를 갈라 내장을 꺼냈는데 거기서 멋있게 생긴 청년이 나왔다. 시나네브트는 그와 결혼했다. 그들은 잘 살았다.

곰 고기를 모두 시실한에게 주었다. 시실한도 밖에 앉아서 화살을 만들었다. 시실한이 말했다.

"시림, 나를 보지 마!"

시림은 그를 보았고 화살이 전부 망가졌다. 시실한은 화를 냈고 집으로 들어가 시림의 손을 망가뜨렸다. 시림은 울면서 소리쳤다.

"아파, 손이 망가졌어."

그녀는 집에서 나갔고 시나네브트처럼 걸어갔다.

작은 호수까지 와서 기슭에 앉아서 울기 시작했다. 할머니 늑대가 말했다.

"비가 오는구나!"

"가서 침대를 들고 와, 젖겠다!"

손녀가 밖으로 나가 볼품없이 생긴 여자를 보았다. 도로 들어와 할머니에게 말했다.

"볼품없는 여자가 울고 있어요."

"들어오라고 그녀에게 말해."

할머니의 손녀는 나가서 말했다.

"들어오래요."

시림은 즉시 들어가 앉았다. 그들은 그녀를 대접했다. 할머니가 말했다.

"말린 생선을 비계와 함께 먹고 눈을 찡긋해."

시림은 먹고 눈을 찡긋했고 손을 손목까지 사발에 넣었다. 손이 나았고 시림은 곧 더 앞으로 걸어갔다. 아무것도 묻지 않고 아무것도 알려 하지 않았다. 그녀는 걸어서 임시 천막을 만났다. 거기에 고기와 비계가 걸려 있었다. 그녀는 이 모든 것을 먹어 치웠고 사슴 가죽 장화와 힘줄을 가졌다. 마침내 작은 집에 도착했다. 거기서 늑대 여자가 나왔다. 시림을 이빨로 물어 던졌다 잡았다. 던지는 것을 끝내고 물었다.

"이봐, 내가 너를 다치게 했어?"

시림이 말했다.

"물론 다치게 했어."

늑대 여자는 시림에게 먹을 것을 주었다. 그들은 그릇을 싹 비웠다. 늑대 여자는 고기를 더 구우라고 명령했다. 시림은 굽기 시작했다. 여자가 말했다.

"잠깐 나갔다 올 테니 요리하고 있어!"

그녀는 몰래 시림을 관찰하기로 했다. 그녀는 나가서 구멍으로 보기 시작했다. 시림은 고기를 꺼내 먹어 치웠다.

"나쁜 여자군." 늑대 여자가 말했다.

그녀는 집으로 들어가 시림에게 사슴 가죽 장화를 수선하라고 했다. 시림은 수선했지만 잘하지 못했다. 그런 다음 말했다.

"이봐, 나를 숨겨 줘, 난 너의 오빠들이 무서워."

"너는 숨겨 줄 가치가 없어."

시림은 시집가고 싶었다. 늑대 여자는 그녀를 숨겼다. 오빠들이 와서 다시 냄새를 맡았다.

"왜 사람 냄새가 나지?"

"아냐, 여기는 사람이 없어."

늑대들이 옷을 입고 보니 사슴 가죽 장화의 수선이 잘 안 되어 있었다. 그들은 누워서 잠이 들었다. 밤에 늑대 여자는 시림을 깨웠다.

"일어나, 집으로 달려가, 내가 우리 오빠를 깨워서 너를 쫓으라고 할게."

시림은 일어나 달렸다. 늑대 여자는 오빠들을 깨웠다.

"누가 저 나쁜 여자를 쫓을 거야?"

그 누구도 가려 하지 않았다. 그들은 그들의 털투성이 개를 보냈다. 개가 시림을 쫓았다. 시림은 집에서 멀지 않은 곳에 있었고 털 많은 개가 그녀 뒤를 쫓았다. 그녀는 소리쳤다.

"이봐, 시실한, 빨리 나와, 털 많은 개가 나를 쫓아와!"

시실한이 나와서 활을 쏘아 개를 단번에 죽였다. 시림은 기뻤다. 개의 배를 가르자 시림이 말했다.

"조심해, 거기에 내 남편이 있어, 그를 다치게 하지 마."

배를 갈랐지만 거기에는 그 어떤 청년도 없었다. 시실한은 화를 냈고 시림을 숲으로 던졌다. 그녀는 거기서 죽었다.

쿠트흐의 바느질

옛날에 쿠트흐가 살았다. 내내 바느질을 했다. 어느 날 쿠트흐는 창가에 앉아 가죽 바지를 꿰매고 있었다.

갑자기 뭔가가 빛을 가렸다. 쿠트흐는 창문을 내다보지 않고 생각했다. '뭔가가 빛을 막는군. 내 코일 거야. 코를 잘라야겠어.'

그는 코를 자르고 다시 바느질하기 시작했다. 다시 뭔가가 빛을 막았다. '다시 밖이 어두워졌군. 나의 뺨이 빛을 막는 건가? 잘라야겠군.'

쿠트흐는 뺨을 잘랐다. 앉아서 바느질을 계속했다. 얼굴이 못쓰게 되었다. 코, 뺨, 입술, 눈썹, 속눈썹이 잘려 나갔다. 쿠트흐는 얼굴이 아팠다. 그는 그렇게 앓게 되었고 심지어 신음 소리를 냈다. 그런 다음 창밖을 보았다. 쥐들이 썰매를 타고 있었다. 그때 그는 말했다.

"너희가 여기서 빛을 가린 거니? 너희 때문에 난 내 얼굴을 못쓰게 됐구나."

쿠트흐는 자신의 바지를 들고 밖으로 나갔다. 그는 쥐들에게 다가가 말했다.

"애들아, 너희가 내 창문 밑에서 썰매를 탔니?"

쥐들이 창문으로 갔고 쿠트흐는 바지를 밑에 두고 말했다.

"애들아! 바지를 타고 놀아, 타고 놀기는 아주 좋아."

쥐들이 말했다.

"당신 바지를 타고 놀지 않을 거예요. 그렇게 하려면 우리를 잡아 보세요."

쿠트흐는 부드럽게 그들을 설득했다. 설득해서 쥐들은 그의 바지를 타고 놀았다.

쥐들이 바지 속에 들어가자마자 쿠트흐는 바지를 묶어서 숲으로 갔다.

그곳에 가서 좋은 나무를 찾았다. 마침내 발견했다.

쿠트흐는 나무에게 말했다.

"나무야, 나무야, 고개를 숙여 봐! 나무야, 나무야, 고개를 숙여 봐! 나무야, 나무야, 고개를 숙여 봐!"

나무가 고개를 숙였다. 쿠트흐는 바지를 꼭대기에 걸고 다시 나무에게 말했다.

"나무야, 나무야, 고개를 들어! 나무야, 나무야, 고개를 들어! 나무야, 나무야, 고개를 들어!"

나무는 몸을 세웠고 쿠트흐는 집으로 갔다.

쥐들은 여우가 그들의 말을 듣고 목소리를 낼 정도로 큰 소리를 질렀다. 여우는 나무로 다가가 말했다.

"쥐들아, 너희는 거기서 뭐 하니?"

쥐들이 말했다.

"쿠트흐가 우리를 여기에 걸었어요."

"그가 너희를 어떻게 제일 꼭대기에 건 거야?"

"그가 말했어요. '나무야, 나무야, 고개를 숙여 봐! 나무야, 나무야, 고개를 숙여 봐! 나무야, 나무야, 고개를 숙여 봐!' 그러니까 나무가 고개를 숙였어요."

여우가 이 말을 하니 나무가 고개를 숙였다. 여우는 바지를 벗겨서 묶인 것을 풀고 쥐들을 꺼내 주었다. 가장 어린 쥐가 죽었지만 다른 쥐들은 나왔다.

여우는 쥐들에게 자작나무 껍질을 모아 와서 바지 안에 넣으라고 했다. 쥐들은 자작나무 껍질을 모았고 자작나무 껍질로 바지를 채웠다. 죽은 쥐를 위에 놓고 바지를 다시 나무 꼭대기에 걸었다.

여우는 쥐에게 물었다.

"나무가 몸을 세울 때 쿠트흐가 어떻게 말했어?"

쥐들이 말했다.

"쿠트흐가 '나무야, 나무야, 고개를 들어! 나무야, 나무야, 고개를 들어! 나무야, 나무야, 고개를 들어!' 말했어요."

여우가 이 말을 했다. 나무는 몸을 세웠고 쥐들은 여우와 함께 여우 집으로 갔다.

여우는 쥐들에게 오리나무 껍질을 벗겨 내서 피 같은 붉은 물을 만들라고 했다.

쿠트호는 세 번째 날에 상한 쥐들을 나무에서 꺼내러 갔다. 그는 나무에게 고개를 숙이라고 명령했다. 나무는 즉시 고개를 숙였다.

쿠트호는 바지를 풀어서 한쪽으로 물러났다. 앉아서 눈을 찌푸리고 소매를 걷어 올리며 이를 갈았다. 그런 다음 바지를 풀고 거기에 손을 넣었다. 쥐를 잡고 보지도 않고 입에 넣고 먹었다.

쿠트호가 말했다.

"아, 너무 맛있다."

그는 다시 손을 바지에 넣었다. 다른 쥐들을 찾았다. 아무것도 찾을 수 없었다. 바지 속에는 자작나무 껍질만 있었다. 쿠트호는 매우 화를 내며 생각했다. '도둑 여우가 와서 이 짓을 했군. 내가 가 봐야겠어. 여우를 죽일 거야.'

쿠트호는 여우 집으로 갔다. 도착했을 때 여우는 앓고 있었다. 신음 소리까지 냈다.

쿠트호가 여우에게 말했다.

"내 음식을 훔쳐 간 모양이군!"

여우가 말했다.

"이봐, 영감, 잘못 짚었어! 난 며칠째 앓고 있단 말이야.

저기 봐. 내가 피투성이인 것 같으니까, 너의 음식을 훔친 거라고 하는 거야. 영감, 당신은 착하고 좋은 사람이야. 이 대야의 물을 강에 버려 줘."

쿠트호는 여우를 불쌍하게 여겨서 대야를 들고 물을 버리러 갔다.

여우는 그에게 뒤에서 말했다.

"영감, 봐, 뒤를 돌아보지 마, 안 그러면 안 좋은 일이 있을 거야."

쿠트호는 걸어가며 생각했다. '여우는 왜 나에게 돌아보지 말라고 명령했을까? 돌아봐야지!'

쿠트호는 뒤를 보았다. 붉은 마가목 열매를 보고 생각했다. '돌아가야지, 마가목 열매를 여우에게 모아 줘야겠다.'

계속 걸어갔다. 그는 강으로 다가가 대야의 물을 강에 버리기 시작했다. 여우는 조용히 뒤에서 살금살금 다가가 쿠트호를 물속으로 밀었다. 쿠트호는 빠졌다.

쿠트흐와 쥐

옛날에 쿠트흐와 예멤쿠트가 아내들과 살았다. 그들의 집이 있었다. 어느 날 쿠트흐가 말했다.

"나의 손자 쥐들이 어떻게 사는지 봐야지!"

그는 손자들에게 갔고 매우 기뻐했다. 손자들이 소리쳤다.

"우리의 대접을 받으세요. 요리를 드세요."

손자들이 나물과 야생 감자를 끓였다. 쿠트흐가 먹고 말했다.

"손자들, 지금 우리 집의 나쁜 놈을 찾아서 때려 줘!"

쿠트흐는 이 말을 하고 곧 잠이 들었고 쥐들은 물건 자루를 들고 등 아래에 그것을 꿰맸다. 쿠트흐는 일어나서 말했다.

"손자들아, 집으로 가야 할 시간이야."

걸어가다가 물건 자루를 바로 하려고 했고 바로 했다. 다시 걸어가는데 뒤에서 내내 뭔가가 큰 소리를 냈다. 쿠트흐는 자루 속의 똥이 소리를 낸다는 것을 몰랐다.

그는 집에 다가가 미티에게 소리쳤다.

"코랴크인들이 나를 쫓아와."

미티가 나와서 주위를 보았다. 아무도 없었다. 그녀는 집으로 들어가 남편에게 물었다.

"무슨 안 좋은 냄새가 나지 않아?"

곧 똥이 든 자루를 열었다.

쿠트호가 말했다.

"내일 나를 놀린 쥐들 모두 죽일 거야."

그는 누워서 잤고 일어나 다시 쥐들에게 갔다. 미티가 말했다.

"이봐요, 그들이 다시 당신을 놀릴 거예요."

그는 손자들에게로 갔다. 쥐들은 그를 보고 소리쳤다.

"우리 음식을 먹기만 해 봐, 나물을 먹기만 해 봐."

그러나 쿠트호가 말했다.

"지금 너희 모두를 죽일 거라는 사실은 변함이 없어."

손자들은 음식을 만들어 쿠트호를 대접했다. 쿠트호는 음식을 먹었고 쥐들은 다시 그의 머릿속에서 이를 찾기 시작했다. 쿠트호는 즉시 깊은 잠에 빠졌다. 쥐들은 그의 눈에 뭔가 빨간 것을 꿰맸다. 쿠트호는 일어나서 집으로 갔는데 집 전체가 빨갰다. 그는 집에 다가가 소리쳤다.

"미티, 집이 타고 있어."

미티는 쿠트호를 보고 그의 눈꺼풀에 뭔가 빨간 것이 붙어 있는 것을 알았다. 미티가 말했다.

"당신 어디 갔다 왔어요. 쥐들이 다시 장난을 쳤어요."

쿠트흐는 다시 손자들에게로 갔다. 미티는 뒤쫓아 가면서 소리쳤다.

"가지 마세요, 다시 당신을 조롱할 거예요."

쿠트흐가 말했다.

"모두 담뱃대로 죽일 거야."

그는 손자들에게 왔고 그들은 그에게 말했다.

"우리 음식 드셔 보세요. 우리 나물을 드셔 보세요."

쿠트흐가 말했다.

"좋아, 나의 손자들아, 나를 대접해."

그 앞에 딸기를 놓았고 쿠트흐는 다 먹고 깊은 잠에 빠졌다. 쿠트흐가 말했다.

"누워서 조금 잘게."

쿠트흐는 잠이 들었고 쥐들은 뭔가를 들고 그의 얼굴에 칠을 했다. 쿠트흐는 일어나서 집으로 갔다. 집에 와서 말했다.

"미티, 기다려, 가서 물을 가져올게."

그는 얼음 구멍으로 가서 고개를 숙이고 물속에 비친 자신의 얼굴을 보고는 소리쳤다.

"여기 아름다운 아가씨가 살고 있어. 지금 그녀에게 돌공이, 나무공이, 구유를 가지고 가야지."

그는 구유를 가지고 와서 물속으로 내려가면서 말했다.

"잡아!"

아가씨는 구유를 잡지 않았다. 쿠트흐는 생각했다. '구유는 가지고 있나 봐.'

그런 다음 나무공이를 얼음 구멍에 내렸다. 다시 말했다.

"잡아!"

공이는 물속으로 흘러갔고 다시 그 누구도 그것을 잡지 않았다. 쿠트흐는 생각했다. '나무공이도 있나 보군.' 그런 다음 돌공이를 물속으로 넣었다. 즉시 이것은 바닥으로 내려갔다. 쿠트흐가 말했다.

"잡는다면 그녀에게 없는 것이겠군."

그런 다음 스스로 얼음 구멍으로 다이빙하며 말했다.

"나를 잡아."

그리고 그는 얼음 아래로 사라졌다. 그는 계속 소리쳤지만 가라앉았다.

시나네브트와 곰

옛날에 쿠트흐가 아내 미티와 살았다. 그들에게는 아이들이 있었다. 예멤쿠트와 시나네브트였다. 예멤쿠트는 가을 내내 사냥하러 가 있었다. 쿠트흐는 지루해서 장작을 나르기 시작했다. 어느 날 말했다.

"미티, 나는 장작 가지러 갈 테니 곰을 낳아."

"어머, 쿠트흐, 무슨 그런 말도 안 되는 생각을 하는 거야. 지금 그걸 말이라고 해."

쿠트흐는 장작을 가지러 갔다. 미티는 곧 곰을 낳았다. 미티는 그를 보고 놀랐다. 곰을 덮었다. 쿠트흐가 와서 말했다.

"피곤해, 미티, 나의 장작더미를 받아."

"쿠트흐, 당신 손으로 장작을 치워. 나는 이미 곰을 낳았어, 이런 무서운 걸 말이야!"

그렇게 살기 시작했다. 곰이 자랐다. 곰은 내내 미티의 가슴을 빨려고 했고 곰처럼 으르렁댔다. 쿠트흐와 미티는 놀랐다. 쿠트흐가 말했다.

"미티, 아이들이 잠들면 여기서 떠나자. 안 그러면 무서워서 못 살아!"

곰은 시나네브트와 잤다. 매우 깊은 잠에 빠졌다. 쿠트흐와 미티는 아이들을 버리고 도망갔다. 그들이 일어나서 보니 부모가 어딘가로 사라졌다. 시나네브트는 동생을 키우면서 살았다. 동생은 성장했고 커다란 곰이 되었다. 곰은 그녀에게 말했다.

"누나, 어디든 가서 물고기가 많은 강을 찾자!"

그들은 채비를 하고 갔다. 강을 만나자 거기서 동생은 누나를 등에 태웠다. 마침내 물고기가 많은 강을 찾았다. 그들은 거기서 살기 시작했다. 말린 생선을 저장했다. 곰은 굴을 만들고 말린 생선을 모두 거기에 숨겼다. 가을에 굴로 기어들어가면서 말했다.

"시나네브트, 나는 잠을 잘 거야. 나를 두려워 마. 한겨울에 한쪽 옆구리로 돌아눕고 소리칠 거야. 무서워 마. 사람들이 그때 와서 나를 쏘고 죽일 거야. 그들은 굴에 들어와서 나를 들어낼 수 없을 거야. 내가 아주 무거워질 거니까. 그러면 네가 스스로 나의 귀를 잡고 밖으로 끌어내. 그들은 나의 내장을 가를 거야. 그들의 칼은 곧 못쓰게 될 거야. 그러면 네 손으로 나를 가르고 머리를 나무에 걸어. 시집갈 때 나의 고기를 먹지 마, 조금도 먹어서는 안 돼. 만약 조금이라도 먹는다면 그 즉시 나를 잊을 거야."

그들은 굴에서 살기 시작했다. 곰은 깊은 잠에 빠졌다.

시나네브트는 내내 말린 생선만 먹었다. 잠든 동생을 보면 울음이 터질 것만 같았다. 시나네브트는 그렇게 겨울을 보냈다. 한겨울에 곰은 으르렁거리며 돌아누웠다. 시나네브트는 겁이 났다. 많은 사람들이 굴로 왔다. 활을 쏘고 곰을 죽였다. 그들은 굴에 들어갔지만 곰을 끌어낼 수 없었다. 그때 시나네브트가 그의 귀를 잡고 밖으로 끌어냈다. 사람들은 곰의 배를 갈랐다. 곧 모든 칼이 망가졌다. 곰을 어떻게 갈라야 할지 몰랐다. 시나네브트는 제 손으로 곰을 갈라 머리를 나무에 매달고 말했다.

"이 머리를 건드리지 마세요."

시나네브트는 시집을 갔다. 그녀는 집으로 갔다. 결혼식이 거행되고 사람들은 곰으로 요리를 했다. 쿠트흐도, 미티도, 예멤쿠트도 왔다. 식사를 시작했고 쿠트흐가 말했다.

"시나네브트가 살아 있으니 시집을 가게 되는구나."

시나네브트는 엄마, 아버지라고 부르지 않았다. 곰 고기도 먹지 않았다. 모두 소리쳤다.

"한 조각이라도 먹어!"

시나네브트는 참지 못하고 한 조각을 먹었다. 곧 동생을 잊었다. 그렇게 살았다. 어느 정도의 시간이 흘러 시나네브트는 갑자기 동생을 떠올리고 말했다.

"저 잠깐 나갔다 올게요."

그녀는 걸어서 그 나무를 발견했다. 그러나 머리는 이미 땅에 떨어져 있었다. 그녀가 머리를 들어 올려 입김을 불었더니 갑자기 그 앞에 아름다운 청년이 서 있었다. 그가 말했다.

"누나, 나를 잊었군요. 제가 제 고기를 먹지 말라고 했잖아요."

그들은 집으로 갔다. 쿠트흐는 아이들을 알아보고 기뻐했다. 아이들이 말했다.

"아버지, 우리한테서 도망가셨죠!"

그들은 즐겁게 잘 살았다.

늑대와 시나네브트

옛날에 쿠트흐가 아내 미티와 살았다. 쿠트흐는 배가 너무 고파 말했다.

"미티, 톨쿠샤를 만들어 줘."

"왜 내가 당신에게 톨쿠샤를 만들어 줘야 해?"

"오래전 내가 젊었을 때 물범을 죽였잖아. 그 비계를 어떻게 했어?"

"오래전에 없어졌지."

"그럼 내가 젊었을 때 커다란 야생 순록을 죽였는데 그 비계는 어디로 갔어?"

"있어!"

쿠트흐는 미티에게 톨쿠샤를 만들어 달라고 부탁했고 미티는 미적거리며 시나네브트를 불렀다.

"우리 집에 와서 톨쿠샤를 만들어. 쿠트흐가 너무 먹고 싶어 해."

시나네브트가 와서 아주 오래되고 썩은 냄새가 진동하는 비계로 톨쿠샤를 만들기 시작했다. 그녀는 독한 냄새에 숨이 막혔고 잠잠하더니 죽어 버렸다.

쿠트흐와 미티는 시나네브트가 죽은 것을 알았다. 쿠트

흐는 너무 놀라 말했다.

"미티, 도망가자!"

그들은 도망갔고 시나네브트는 집에서 죽은 채로 있었다.

늑대가 지나가다가 생각했다. '쿠트흐는 왜 자기 집에서 살지 않는 거지? 가서 봐야겠다.' 늑대는 들어가서 아무도 없는 것을 보았다. 다만 시나네브트가 구유 위에 고개를 숙이고 앉아 있었다. 늑대가 말했다.

"이 아가씨를 먹어야지, 여기서 먹을 수는 없으니 이 아가씨를 저 산으로 가지고 가야겠다."

늑대는 그녀를 산으로 끌고 가면서 생각했다. '여기 아래에서 먹는 게 좋을까? 위로 끌고 가는 게 더 나아.' 늑대는 산으로 끌고 간 다음 앉아서 주변을 보고 생각했다. '누가 우리를 보는지 살펴봐야겠어.' 늑대가 사방을 볼 때 시나네브트는 아래로 굴렀고 살아나서 앉았다. 늑대가 보니 시나네브트가 살아났다. 늑대가 말했다.

"이 여자를 집으로 데리고 가서 결혼해야겠다." 그리고 늑대는 그녀를 집으로 데리고 갔다.

시나네브트는 너무 놀랐다. 주위에 이렇게 많은 늑대가 있다니! 그녀는 생각했다. '나를 찢어 죽일 거야!' 밤이 왔다. 시나네브트는 더욱더 무서웠다.

예멤쿠트가 사냥에서 돌아왔다. 와서 보니 집에 아무도

없었다. 그는 늑대의 발자국을 보고 흔적을 따라갔다. 늑대의 집에 도착해서 누이를 보았다. 그는 어떻게 된 일이지 하고 생각했다. 그때 늙은 늑대를 보고 그를 죽여 가죽을 벗긴 다음 자신이 뒤집어썼다. 그런 다음 산을 올라가 소리쳤다.

"애들아 나를 아래로 데리고 가, 걸을 수가 없어."

늑대들이 그를 아래로 데리고 내려와서 집으로 데리고 들어갔다. 그가 시나네브트를 보고 물었다.

"이 아가씨는 어디서 데려온 거냐?"

커다란 늑대가 대답했다.

"제가 찾아서 데리고 왔어요."

"이 여자는 나와 잘 거야. 여기서 내가 가장 연장자니까."

시나네브트는 더욱더 무서워서 생각했다. '내가 정말 이 늙고 무서운 늑대와 잔단 말이야?'

눕자마자 예멤쿠트가 속삭였다.

"무서워 마, 나야, 예멤쿠트! 여기서 도망가자."

그들은 도망갔다. 달려서 멀리 도망갔는데 갑자기 늑대들이 쫓아오는 소리가 들렸다. 예멤쿠트가 그들 옆에 부싯돌을 던지자 커다란 불꽃이 일었다. 늑대들이 이 불을 돌아가자 예멤쿠트와 시나네브트는 더욱더 멀리 도망갔다. 늑대들은 다시 그들을 따라잡았다. 그때 예멤쿠트는 침을 뱉었고 아주 커다란 강이 되었다. 늑대들은 강을 건너가기가 힘

들었다. 다시 예멤쿠트와 시나네브트는 멀리 달아났다.

촌락까지 얼마 남지 않았다. 다시 늑대들이 그들을 쫓아왔다. 그때 시나네브트는 자신의 빗을 던졌다. 그들 앞에 두터운 숲이 벽으로 가로막았다. 늑대들이 숲을 헤치고 나왔을 때 남매는 집에 도착했다. 그러자 늑대들은 화가 나서 서로를 갈기갈기 찢었다.

예멤쿠트, 치치킴치찬, 포르캄탈한

옛날에 쿠트호가 아내 미티와 살았다. 그들에게 예멤쿠트와 시나네브트라는 아이들이 있었다. 예멤쿠트는 사냥을 다녔고 온갖 짐승을 잡았다. 이미 결혼한 치치킴치찬이 시나네브트에게 청혼했는데 쿠트호는 치치킴치찬이 결혼한 것을 모르고 그를 받아들였고 그에게 시나네브트를 주겠다고 약속했다.

치치킴치찬은 예멤쿠트를 사냥터로 불렀다. 예멤쿠트는 치치킴치찬을 떼어놓고 혼자 사냥을 가고 싶었다. 치치킴치찬은 집으로 갔다. 예멤쿠트에게서 고기를 얻어 아내에게 가지고 갔다. 그는 사냥에 갔던 것처럼 집에서 행동했다. 고기를 다 먹어 치우자 그는 다시 쿠트호에게 가서 말했다.

"피곤하군요. 짐승을 잡을 수 없었어요."

치치킴치찬이 신발을 벗었다.

"시나네브트, 사슴 가죽 장화를 말려!"

시나네브트는 사슴 가죽 장화를 걸었다. 예멤쿠트는 곧 좋은 사냥물을 들고 왔다. 치치킴치찬이 말했다.

"난 짐승을 잡을 수 없었어."

예멤쿠트는 다시 사냥하러 갔다. 치치킴치찬은 자신의

집으로 갔다. 다시 예멤쿠트가 잡은 고기를 아내에게 가지고 갔다. 다시 거기서 살았다. 시나네브트는 바닷가에 나물을 뜯으러 갔다. 갑자기 누군가가 멀지 않은 곳에서 노래하는 소리를 들었다. 포르캄탈한이 작은 배를 타고 바다로 나가고 있었다. 시나네브트는 그가 아름답게 노래하는 소리를 귀 기울여 들었다. 그녀는 곧 임신했다. 시나네브트가 노래 한 번 듣고 임신을 하다니!

그녀는 집으로 왔고 미티가 말했다.

"시나네브트, 임신한 것 같구나, 보자."

"저 임신하지 않았어요. 그 누구와도 자지 않았는걸요. 저도 모르겠어요."

그때 포르캄탈한이 그들에게로 왔는데 매우 아름다운 청년이었다. 시나네브트는 곧 결혼했다. 예멤쿠트는 매제와 함께 사냥하러 갔고 짐승을 많이 잡았다. 그들은 잘 살았다. 치치킴치찬이 다시 와서 말했다.

"난 또 아무것도 잡지 못했어."

다시 그는 신발을 벗었다.

"시나네브트, 사슴 가죽 신발을 말려."

시나네브트가 말했다.

"제 손으로 해, 치치킴치찬!"

"시나네브트, 왜 화를 내는 거야? 내가 아무것도 잡지 못해서 나에게 화를 내는 거야?"

시나네브트는 아이를 살짝 때렸고 아이가 울기 시작했다. 치치킴치찬은 말했다.

"시나네브트, 너 아이를 낳았구나. 나의 아이가 태어났어. 그래서 화를 내는 거였군."

그때 포르캄탈한이 왔다. 치치킴치찬을 보고 말했다.

"시나네브트는 이미 결혼했소. 시나네브트는 내가 밤에 배를 타고 나가게 준비해 준다네."

시나네브트가 말했다.

"제가 잘 손봐 놓았어요."

포르캄탈한은 자신의 집으로 갔다. 모두 출발했다. 쿠트흐, 미티, 예멤쿠트. 치치킴치찬도 채비를 하고 보따리를 묶었다. 배에 짐을 실었다. 그들은 다 싣고 나서 치치킴치찬의 보따리를 풀에 던져 버렸다. 예멤쿠트가 물었다.

"치치킴치찬, 너의 보따리는 어디 있어?"

"금방 여기 있었는데," 치치킴치찬이 말했다. "집에 두고 왔나 봐. 가지고 올 테니, 기다려."

그는 집으로 빨리 달려갔다. 그러나 그들은 곧 출발했다. 치치킴치찬이 돌아와서 보니 그들은 배를 타고 가 버렸다. 그는 울면서 말했다.

"알았다면 너희 모두를 죽였을 거야."

치치킴치찬은 자기 집으로 갔다. 들어가서 자신의 아내를 바로 죽였다.

"너 때문에 좋은 여자를 놓쳤어."

포르캄탈한은 집에 왔다. 부모가 기뻐했다. 쿠트흐는 환대를 받았다. 그들은 즐겁게 잘 살았다.

예멤쿠트, 코트하남탈한과 식인종

옛날에 쿠트흐가 아내 미티와 살았다. 아이들이 있었는데 예멤쿠트와 코트하남탈한이었다. 그들은 숲을 다니며 짐승을 잡았다. 어느 날 쿠트흐는 생각하다가 아들들에게 집에 있으라고 명령했다.

"애들아, 집에 있어. 사냥하러 가지 말고."

예멤쿠트가 말했다.

"아버지, 아버지 저녁 식사를 우리가 무엇으로 드려요?"

그들은 사냥을 갔다. 하루 종일 걸어 다녔지만 아무것도 찾지 못했다. 어두워질 때까지 걸어 다녔다. 그들은 저녁에 집에 왔다. 다음 날 다시 사냥하러 갔다. 그들은 두 갈래의 길을 만났다. 코트하남탈한은 멈춰 서서 형을 기다렸다. 예멤쿠트가 다가가니 코트하남탈한이 말했다.

"형, 어떤 길로 갈 거야?"

예멤쿠트가 말했다.

"우리가 왜 짐승을 잡을 수 없는 거지? 왼쪽 길을 가자."

그들은 가서 언덕을 지나갔다. 어느 높은 언덕에 식인종 가족이 살았다. 식인종들이 말했다.

"쿠트흐의 아이들이 왔어."

그들은 곧 칼을 갈았다.

예멤쿠트가 말했다.

"너희는 내일 우릴 먹을 거지? 내일 우리가 일어나는 아침에 먹는 게 더 좋아!"

식인종들이 말했다.

"그래, 내일 먹을 거야!"

예멤쿠트는 매우 영리해서 모든 것을 다 알았다. 쿠트흐의 아들들은 자려고 누웠다. 예멤쿠트가 식인종에게 말했다.

"걱정 마, 우리는 너희 손에 있으니 아무 데도 못 가."

식인종은 문에 자신의 개 랄라를 묶어 두었다. 그러나 쿠트흐의 아들들은 자지 않았다. 예멤쿠트는 식인종들을 잠재웠다. 그들은 아무 소리도 듣지 못할 정도로 깊이 잠들었다. 밤에 쿠트흐의 아들들은 일어났다. 예멤쿠트는 동생에게 말했다.

"코트하남탈한아, 가자! 앞장서서 가, 조심해, 랄라에게 들키지 않게 해."

코트하남탈한이 밖으로 튀어 나갔고 개의 귀를 건드리지 않았다. 예멤쿠트는 뒤에서 걸어갔다. 모든 식인종들을 짓밟았다. 그는 그들 위를 걸어갔지만 그들은 일어나지 않았다. 개의 귀를 건드렸지만 개는 깨지 않고 잠들어 있었다. 그는 밖으로 나와 말했다.

"집으로 가자."

그들은 집으로 가면서 내내 사방을 둘러보다가 도중에 멈춰 섰다. 식인종들이 잠에서 깨서 개 랄라가 묶여서 짖고 있는 소리를 들었다. 그들이 곧 일어나서 보니 쿠트흐의 아들들이 없었다. 식인종들이 말했다.

"쿠트흐의 아이들이 매우 영리해서 모든 것을 알고 있었어. 우리도 이제 모든 것을 알았어. 랄라를 풀어서 쿠트흐의 아이들을 쫓게 해. 우리는 그 뒤를 쫓아가자. 칼을 들어."

그들은 개 랄라를 풀어 주었고 그 개는 곧 쿠트흐의 아들들의 흔적을 따라 달렸다. 땅에 코를 대고 혀를 양쪽으로 내밀었으며 혀에서 거품이 휘날렸다. 쿠트흐의 아들들은 쫓기면서 그들을 보았다. 예멤쿠트는 말했다.

"도중에 매복해야겠어. 돌아가서 길가에 숨자. 너는 이쪽에 숨어, 난 저쪽에 숨을게."

그들은 숨어서 창을 잡았고 예멤쿠트는 동생에게 말했다.

"봐, 창을 놓지 말고 곧바로 찔러."

개 랄라는 형제가 숨어 있던 그곳까지 왔다. 그들은 즉시 그 개를 양쪽에서 창으로 찔렀고 죽인 후 머리를 자르고 얼굴을 식인종들 쪽으로 걸어 두고 배를 가른 다음 장을 꺼냈다. 그들은 개 랄라를 버리고 집으로 갔다. 식인종 가족은 와서 쿠트흐의 아들들이 만들어 놓은 것을 보고 말했다.

"쿠트흐의 아이들이 이미 랄라를 죽였어."

그들이 더 가까이 가서 보니 개 랄라의 머리가 걸려 있었다.

"쿠트흐의 아이들은 매우 영리해서 모든 것을 알고 있어. 그들은 우리 개를 죽였어. 개에게 희망을 걸었는데."

식인종들은 돌아갔다.

쿠트흐의 아들들은 자신의 집으로 가까이 가서 멈춰서 집으로 들어가지 않았다. 미티가 아이들을 보고 남편에게 말했다.

"쿠트흐, 아이들이 왔는데 집으로 들어오지 않고 마당에서 있어."

쿠트흐는 무슨 일이 있는지 곧 알아채고 말했다.

"그들에게 무슨 일인가 있어."

쿠트흐는 밖으로 나가 길 양편에 불을 지폈다.

아들들이 와서 불을 건너갔다.[8] 그들은 다시 부족할 것 없이 즐겁게 살았다.

---

8) 러시아에서는 모닥불을 피워 불을 넘는 의식이 있는데 이는 악귀를 물리치고 나쁜 기운을 정화시킨다는 의미를 지닌다. 고대부터 이런 의식이 이텔멘에게도 있었는지는 정확하게 알 수 없다. 다만 불이라는 것이 세계적으로 정화의 의미를 지니고 있고 오랜 세월 러시아 지배를 받으면서 러시아의 축제나 의식의 영향을 받았을 가능성도 있다.

예멤쿠트, 마로클나브트와 거위들

옛날에 쿠트흐가 아내 미티와 살았다. 그들에게 예멤쿠트, 코트하남탈한, 시실한, 시나네브트, 시림이란 아이들이 있었다. 예멤쿠트와 코트하남탈한은 가을 내내 강 상류로 올라갔다. 그들은 온갖 짐승을 잡았다. 예멤쿠트는 아무리 해도 짐승을 잡을 수 없었다. 그는 계속 사냥하러 다녔지만 아무것도 잡을 수 없었다. 예멤쿠트는 약해져서 내내 누워 있었다. 그런 다음 다시 그들은 사냥하러 갔다. 예멤쿠트가 말했다.

"코트하남탈한아, 따로 사냥하자."

그들은 각자 갔다. 예멤쿠트는 숲으로 갔다. 그는 숲 깊은 곳에서 야생 파를 많이 찾았다. 그는 그 파를 뿌리채 뽑아서 위쪽 언덕으로 가지고 가서 수프를 끓이기 위해 임시 천막에 두었다. 코트하남탈한이 왔는데 아무것도 잡지 못했다. 예멤쿠트가 말했다.

"불을 지펴."

코트하남탈한은 불을 지폈다. 예멤쿠트가 말했다.

"위, 언덕에 있는 임시 천막에 내가 야생 파를 두었어. 그걸 가지고 와."

코트하남탈한은 가서 임시 천막으로 기어 들어갔다. 보니 아름다운 아가씨 마로클나브트가 머리를 빗고 있었고 야생 파는 없었다. 그는 이 아가씨에게 얼굴을 붉히고 곧 돌아가서 말했다.

"예멤쿠트, 야생 파는 없고 거기에 아름다운 아가씨만 머리를 빗고 있었어, 엄청 아름다워."

예멤쿠트는 즉시 밖으로 나갔다. 그는 임시 천막으로 갔고 위로 기어 올라가서 아름다운 아가씨를 보았다. 그는 곧 결혼했다. 마로클나브트는 곧 아이를 낳았다.

코트하남탈한은 부끄러워 집으로 갔다. 그는 집에 와서 아버지에게 말해 주었다.

"예멤쿠트는 아름다운 아가씨 마로클나브트와 결혼했어요."

시림이 모두에게 이야기하기 시작했다.

"예멤쿠트가 결혼했고 우리 형수 마로클나브트는 무척 아름다워요. 코트하남탈한이 그렇게 말했어요."

예멤쿠트는 그렇게 살았다. 어느 날 마로클나브트는 안 좋은 꿈을 꾸었다. 그녀는 사냥 가려는 남편을 말리며 말했다.

"예멤쿠트, 나쁜 꿈을 꾸었어요. 사냥하러 가지 마요."

예멤쿠트가 말했다.

"멀리 가지 않을 거요. 어제 먹거리가 떨어졌잖아?"

"알았어요, 가요."

예멤쿠트는 갔다. 그가 가자 카만흐나브트[9] 할머니가 들어왔다. 마로클나브트가 말했다.

"할머니, 앉으세요."

"앉고 싶지 않아. 마로클나브트야, 옷을 벗어. 내가 옷을 재 줄게." 할머니가 말했다.

마로클나브트가 말했다.

"할머니, 절대 벗지 않을 거예요."

"벗어!"

"벗지 않을 거예요. 다른 옷을 가지고 오는 게 낫겠어요."

"다른 옷을 가지고 와. 그걸 재야겠다."

그들은 다투었고 할머니는 마로클나브트를 쓰러뜨렸다. 할머니는 바로 그녀의 옷을 벗기고 밖으로 밀었다. 그녀 자신은 마로클나브트의 옷을 입고 머리를 묶고 환자처럼 누

---

9) 카만흐나브트는 악한 도마뱀으로 노파의 모습을 하고 있으며 이텔멘 민담에서 악한 인물로 등장한다. 이 이야기에서는 마법, 변형, 여성과 새의 교혼이 혼재되어 있다. 해악을 끼치는 카만흐나브트 할머니는 여기서 에스키모와 추콧카 지역의 이야기에 등장하는 신화적인 나쁜 사기꾼을 연상시킨다. 이 인물은 작은 노파의 형상으로 긍정적인 주인공의 적대자인 셈이다.

웠다.

예멤쿠트가 와서 아내를 보았다.

"이봐, 당신 무슨 일이야? 변한 것 같아."

카만흐나브트가 말했다.

"제가 당신에게 사냥 가지 말라고 했잖아요. 저 아파요."

자려고 누웠다. 그들은 깊이 잠들었다. 마로클나브트는 집으로 들어가서 아이에게 젖을 먹이고 울었다. 그녀는 남편을 깨울 수 없었다. 우선 그에게 입을 맞추고 아이에게도 입을 맞췄다. 그녀는 아이를 자리에 눕히고 밖으로 나갔다.

아침에 카만흐나브트가 말했다.

"예멤쿠트, 이 집은 좋지 않아, 여길 떠나자."

그들은 곧 집을 버리고 떠났다. 마로클나브트는 밤에 와서 예멤쿠트의 칼을 잡았다. 도중에 예멤쿠트 썰매의 날이 망가졌다. 그때 그는 칼을 두고 왔다는 것을 알아채고 말했다.

"칼을 집에 두고 왔어."

그는 집으로 달려갔다. 칼을 찾았다. 마로클나브트가 소리쳤다.

"예멤쿠트 당신의 칼은 바로 꽂혀 있어."

예멤쿠트가 말했다.

"마로클나브트구나! 당신의 목소리가 예전처럼 되었

구나."

예멤쿠트는 그의 아내가 여기 있다고는 짐작하지 못했다. 칼을 잡고 다시 떠났다. 부모가 있는 친가로 갔다. 그들은 부모를 만났다. 그들은 집안 식구들을 보았다. 예멤쿠트의 아내는 못생기고 어리석은 여자이며 그 누구도 즐겁게 하지 못했다. 모두 아이만 사랑했다. 카만흐나브트는 내내 환자처럼 행동했다. 다리는 붕대가 감겨 있지만 먹을 것을 주면 다 먹어 치웠다.

마로클나브트는 혼자 살기 시작했다. 그녀는 거기서 따뜻한 곳으로 갔다. 그녀는 풀로 코트, 장화를 만들고 옷, 집을 지었다. 그녀는 거기서 살았다. 봄에 거위들이 날아와서 말했다.

"누가 우리 자리에 사는 거지?"

한 거위가 즉시 마로클나브트와 결혼했다. 다시 그들은 잘 살았다. 마로클나브트는 아이를 낳았다. 가을에 추워졌다. 다른 거위들은 날아가 버렸다. 마로클나브트의 남편도 갈 채비를 했다. 아내를 어떻게 데려가지? 그는 그녀를 벨트로 목에 묶었다. 그러나 그녀를 들어 올릴 수가 없었다. 거위가 말했다.

"마로클나브트, 여기 남아서 겨울을 보내. 난 날아가지 않으면 얼어서 죽을 거야."

거위는 날아가면서 뒤를 돌아보았고 다시 아내에게 돌아가서 울었다. 그는 다시 날아가서 아내를 버렸다. 마로클나브트는 생활을 시작했고 부족한 것은 없었다. 그녀의 아들은 사냥하러 갔고 작은 새들을 잡았다.

어느 날 아들은 순록을 잡았다. 어머니는 기뻐했다. 봄에 거위들이 다시 날아왔다. 거위, 마로클나브트의 남편을 예멤쿠트의 아들이 죽였다. 다른 거위들은 마로클나브트에게 화를 내며 말했다.

"그녀의 아들이 우리 동료를 죽였어. 가서 마로클나브트를 죽이자."

그들이 왔고 마로클나브트는 곧 밖으로 나가 침낭으로 기어 들어갔다. 거위들은 날개로 침낭을 쳤다. 때리는 것을 끝내고 말했다.

"마로클나브트를 죽였다."

거위들은 떠났고 마로클나브트는 다시 집으로 들어가 일하기 시작했다. 그녀의 아들이 사냥하러 갔다. 커다란 순록을 잡아 왔다.

예멤쿠트의 아들이 와서 화를 내며 말했다.

"당신이 짐승들을 모두 쫓아 버렸어요. 죽여 버릴 거야."

"친구, 그러지 마, 이리 와서 같이 먹어."

그들은 와서 먹었다. 다 먹고 나서 마로클나브트의 아들이 말했다.

“친구, 나는 인형을 갖고 놀아, 봐 봐.”

그는 인형을 갖고 놀았다. 마로클나브트가 이전에 어떻게 살았고 그녀가 예멤쿠트의 아들을 어떻게 낳았는지 모두 보여 주었다. 예멤쿠트의 아들은 바로 이 모든 것을 알아챘다. 그는 울면서 말했다.

“너 내 동생이지?”

“맞아, 난 동생이야, 우리는 엄마가 같아. 그럼 엄마에게 가자.”

그때 예멤쿠트의 아들이 말했다.

“싫어.”

그는 창피했다. 옷이 너무 작고 낡았다. 그는 엄마가 입힌 대로 이 옷을 입고 자랐다. 모든 슬기는 그를 그의 어머니에게로 이끌고 있었다.

그들은 어머니에게로 갔다. 거위의 아들이 들어와서 어머니에게 말했다.

“나의 형이 이리로 왔어요.”

“어디 있니?”

“밖에 있어요.”

“들어오라고 해.”

그는 즉시 나가서 말했다.

"형, 엄마가 들어오래."

그는 들어가지 않고 머뭇거렸다. 마로클나브트 자신이 나가서 아들을 보고 울면서 그를 집 안으로 데리고 들어가서 바지, 코트, 장화를 뜯고 모든 것을 벗긴 후 다른 모피코트, 바지를 입히고 사슴 가죽 장화를 신겼다. 아름다운 청년이 되었다. 그들은 잘 살았다. 마로클나브트는 아들에게 말했다.

"거위를 죽인 네가 가서 그의 뼈를 전부 가지고 오너라."

그는 즉시 가서 아버지 집으로 가서 물었다.

"카만흐나브트, 거위를 먹어 치웠지? 뼈 어디다 뒀어?"

"저기 있어."

소년은 즉시 뼈를 모두 모아 어머니에게로 갔다. 그녀에게 뼈 전부를 주었다. 마로클나브트는 모든 뼈를 모아 거기에 입김을 불었다. 거위는 곧 살아났다. 그들은 예멤쿠트에게로 갔다.

그들은 곧 만났다. 그리고 서로 기뻐했다. 카만흐나브트는 놀라서 말했다.

"나는 밖으로 가서 오줌 눠야겠어."

그녀는 도망가려고 했지만 갈 수가 없었다. 마로클나브트는 칼로 자신의 머리를 단번에 때렸다. 마로클나브트는 두 쪽으로 갈라졌다. 한쪽은 예멤쿠트에게 주고 다른 쪽은 거위에게 주었다. 축제가 열렸고 모두를 불러 고기를 끓이고 톨쿠샤를 만들었다. 예멤쿠트는 불에 돌 사발을 데웠고 불처럼 사발은 빨갛게 달아올랐다. 카만흐나브트가 신음 소리를 냈다.

"더 이상 참을 수 없어요. 밖으로 나가고 싶어요."

예멤쿠트는 화를 냈고 카만흐나브트를 잡아 부엌으로 끌고 가 그녀를 뜨거운 돌 사발에 앉혔다. 그런 다음 그녀를 밖으로 던졌다. 그녀를 톨쿠샤로 만들었다. 그렇게 그녀는 자신의 할머니에게로 갔다. 그녀는 할머니에게로 와서 말했다.

"톨쿠샤 조금 줘요."

할머니가 말했다.

"네 손으로 먹어."

예멤쿠트와 거위는 즐겁게 잘 살았다.

카만흐나브트

쿠트흐의 두 아들, 예멤쿠트와 코트하남탈한은 가을 사냥을 떠났고 가족은 친지와 겨울 거처에 남았다. 사냥은 성공적이었으며 짐승을 잡았다. 그러다 갑자기 사냥에 실패를 했고 하루 종일 그들은 툰드라를 돌아다녔지만 살아 있는 모든 것이 그들에게서 도망쳤다. 배고파서 쓰러지지 않기 위해서 오래된 것을 먹을 수밖에 없었다.

예멤쿠트는 침대에 누웠고 코트하남탈한은 요리를 했다. 다음 날 그들은 따로 가기로 결정했고 한 사람은 툰드라로 다른 사람은 자작나무 숲으로 갔다.

예멤쿠트는 자작나무 숲에서 긴 야생 파를 발견하고 수프를 끓이기 위해 뿌리채 뽑았다. 그는 집으로 가지고 와서 임시 천막으로 기어 들어가 거기 상자 안에 두었다. 그리고 자신은 자기 위해 누웠고 동생에게 수프를 끓이라고 지시했다.

코트하남탈한은 장작, 물을 준비하고 파를 가지러 임시 천막으로 갔다. 그가 올라가서 들어가 보니 야생 파는 없고 임시 천막에 아가씨가 앉아 있었다. 그녀는 앉아서 머리를 빗고 있었다. 그는 부끄러워졌다. 매우 아름다운 아가씨였다. 그는 빨리 도망갔다.

형이 그에게 물었다.

"왜 파를 가지고 오지 않았어? 수프를 어떻게 끓이려고 그래?"

"파는 없어. 임시 천막에 아가씨가 앉아 머리를 빗고 있어. 마음을 빼앗길 정도로 아름다워. 난 그녀를 보기가 두려워."

예멤쿠트는 이 말을 듣고 침대에서 벌떡 일어나 임시 천막으로 달려갔다. 마로클나브트를 보고 즉시 결혼했으며 곧 아들을 낳았다.

코트하남탈한은 부끄러워서 아버지에게로 달려가 형이 어떤 미녀를 아내로 맞았는지 설명했다.

예멤쿠트는 자신의 아내와 살기 시작했다. 어느 날 아침에 아내가 사냥하러 가려는 남편을 막았다.

"제가 나쁜 꿈을 꾸었어요."

"생각해 보니 그래도 가야겠어." 예멤쿠트가 대답했다.

"안 좋은 일이 있을 거예요. 가지 마요." 아내가 부탁했다.

"걱정 마, 가까운 곳에서 사냥할게."

그리고 그는 떠났다.

카만흐나브트가 그들의 대화를 엿들었다. 예멤쿠트가 문을 닫고 나가자 그녀는 문지방에 서 있었다. 그리고 들어갔다.

마로클나브트는 놀라며 불행이 왔다는 것을 알았다.

"앉아." 카만흐나브트가 말했다.

"안 앉을 거야."

"바지를 나에게 줘."

"싫어."

그들은 싸웠고 카만흐나브트가 마로클나브트를 이겨서 그녀의 옷을 벗겼다. 예멤쿠트의 아내는 벌거벗은 것이 창피해서 밖으로 나갔으며 마당에 앉아 울었다. 자신의 몸을 풀로 덮었다.

카만흐나브트가 문지방에 앉아 머리를 묶고 머리가 아픈 것처럼 신음 소리를 냈다.

예멤쿠트가 사냥에서 돌아와 아내를 알아보지 못했다. 석탄처럼 검게 되었기 때문이다. 카만흐나브트는 그에게 말했다.

"왜 갔어요? 안 좋은 일이 있을 거라고 했잖아요. 나쁜 꿈을 꾸었어요."

예멤쿠트는 석탄처럼 검게 된 아내와 함께 살았고 진짜 아내는 마당에 벌거벗은 채로 앉아 울면서 죽어 가고 있었다.

밤이 왔다. 모두 집 안에서 잠들었다. 마로클나브트는 집으로 들어가 아들에게 젖을 먹이고 따뜻하게 이불을 덮어 주었으며 예멤쿠트에게 키스를 하고 마당으로 돌아갔다. 도중에 예멤쿠트의 사냥용 칼을 들고 임시 천막 안에서 밖으로 놓았다.

카만흐나브트가 아침에 일어나 예멤쿠트에게 말했다.

"여기서 떠나요. 이 집은 불결해요."

불쌍한 여자인 예멤쿠트의 아내는 숨어 있었다. 그녀는 벌거벗어서 부끄러웠다.

도중에 썰매의 날이 망가졌다. 예멤쿠트는 고치려고 했지만 칼이 없었다.

"왜 멈춘 거야?" 못된 여자가 물었다.

"날이 망가졌는데 고쳐야 해. 칼을 두고 왔어. 집에 가지러 갔다 올게."

못된 여자는 놀랐다.

"기다려, 칼은 자루에 있어."

찾았지만 나오지 않았다.

예멤쿠트는 집으로 달려가서 칼을 찾기 시작했다. 그러나 찾을 수 없었다. 마로클나브트는 창문을 쳐다보고 소리쳤다.

"칼은 밖에 있어요."

"무슨 일이야? 다시 이전처럼 되었구나!"

그러나 그녀는 아무 대답도 할 수 없었고 나갈 수도 없었다. 벌거벗은 것이 창피해서였다. 그녀는 창문에서 달아나서 숨었다. 예멤쿠트는 칼을 찾아서 나쁜 여자가 있는 썰매로 갔다.

마로클나브트는 집으로 들어가서 울었다. 풀로 만든 아이 옷으로 얼굴을 닦았다.

예멤쿠트는 카만흐나브트와 아버지 집으로 갔다. 거기서 사람들이 보니 누군가가 오고 있었다. 사람들은 미녀를 아내로 둔 아들을 보러 집에서 나왔다. 그러나 그녀는 석탄처럼 얼굴이 검었다. 예멤쿠트는 모든 일을 설명했다.

마로클나브트, 그의 진짜 아내는 풀로 침대를 만들었고 자작나무 숲에서 풀 옷을 지어서 살기 시작했다.

봄에 거위들이 날아왔다.

"너는 왜 우리 자리에 침대를 걸어 두었느냐?"

"떠날게요. 이것이 당신의 자작나무 숲인지 몰랐어요."

그녀는 떠나려고 했다. 거위 한 마리가 그녀에게 날아와 결혼을 하고 거위 아들을 낳았다.

가을에 거위들은 날아가려 했다. 마로클나브트는 자신의 거위 남편을 잡았다. 날아가 버릴까 봐 안타까웠다.

"놓아줘, 봄에 다시 날아올게!" 거위가 부탁했다.

그녀는 안타까워하며 놓아주었고 그녀 자신은 쇠약해졌다. 아들 거위는 위로했다. 순록도 잡아 줄 것이고 오리도 가지고 오겠다고 했다.

봄에 거위들은 다시 날아왔다. 마로클나브트는 그의 남편 거위를 만났고 다시 함께 살았다. 그러나 아들은 이미 큰 거위가 되었다.

어느 날 예멤쿠트와 마로클나브트의 장남이 사냥을 가서 자기 엄마의 남편인 거위를 잡았다. 못된 여자 카만흐나브트는 그 거위를 다 먹어 치우고 뼈를 남겨 두었다. 거위들이 화가 나서 마로클나브트를 죽이기로 했다.

어느 날 마로클나브트가 앉아서 바느질을 하고 있는데 거미 시쿠케치흐가 옆에서 실을 헝클었다. 그녀는 거미를 던졌다.

"바느질하고 있잖아, 방해하지 마." 그녀가 말했다.

"빨리 침낭에 숨어, 밖으로 나가." 시쿠케치흐가 말했다.

그녀는 말을 듣고 마당으로 나가서 침낭에 들어가 얼굴을 가리고 누워서 기다렸다.

거위들이 날아와 그녀를 때리기 시작했다. 그들은 그녀를 죽였다고 생각하고 멀리 날아갔다. 그녀는 집으로 돌아와 다시 바느질하기 위해 앉았다.

거위 아들이 성장하면서 사람들이 입는 것처럼 입을 수가 없었다. 그는 풀로 만든 옷을 입고 풀로 만든 침대에서 잠을 잤다. 사람들은 순록 가죽을 입고 잤으며 털외투를 입고 다니잖아.

어느 날 거위 아들은 사냥을 가려 했다. 처음에 집에서 입은 채로 가려고 했지만 생각을 바꿔서 어머니가 그에게 주었던 가장 좋은 털옷을 입었다. 아들은 집에서 멀리 떨어진 곳으로 사냥 가서 순록을 잡았는데 갑자기 인간이 그를 마주 보고 걸어오고 있는 것이 보였다. 옷이 작아서 터질 것 같았는데 어머니가 오래전 언젠가 입혀 준 바로 그 옷이었다. 이 사람은 마로클나브트와 예멤쿠트의 아들이었다. 거위 아들은 그를 불렀다.

"같이 뭐 좀 먹으러 가요."

"싫어요, 가지 않을 겁니다." 그가 대답했다.

"왜 가지 않는다는 거죠?"

"당신은 좋은 털옷을 입고 있지만 내 옷은 몸에 꽉 껴요." 그는 낯선 이라고 생각했다.

그들은 음식을 먹고 이야기를 나눴다.

"당신은 한 엄마에게서 난 나의 형제예요." 동생 거위가 자신에 대해 이야기하면서 말했다.

둘은 울었고 어머니에게 함께 갔다. 하나는 용감하게 걸어갔지만 다른 하나는 부끄러워했다. 옷이 너무 허름했기 때문이었다.

그러나 어머니는 오래전부터 아들을 기다렸다.

"멀리 갔니?" 그녀가 물었다.

"네, 멀리 갔어요. 혼자 오지 않았어요. 형이 밖에 있어요. 들어오는 걸 부끄러워해요. 옷이 허름하고 몸에 꽉 낀다고요. 어머니가 입혀 준 대로 내내 입고 다녔어요."

어머니는 밖으로 나갔고 아들을 알아보고 울었다.

"불쌍한 내 아기, 내가 너에게 입혀 준 대로 그 옷을 입고 다녔구나."

그런 다음 그에게서 풀로 된 옷을 벗기고 털옷을 입히니 멋있는 청년이 되었다. 그녀는 먹을 것을 주고 카만흐나브트가 있는 집으로 가서 자신의 둘째 남편인 거위의 뼈를 가지고 오라고 했다. 아들은 떠났다.

카만흐나브트가 그를 보고 놀라서 도망가려고 했다. 그녀는 남편에게 말했다.

"저 밖에 나갔다 올게요."

예멤쿠트는 그의 진짜 아내가 살아 있다는 것을 알아챘다. 못된 여자인 카만흐나브트가 집에서 나가지 못하게 했으며 그녀가 또 어떤 나쁜 짓을 할까 봐 두려웠다. 예멤쿠트는 아들에게 거위의 뼈를 주고 어머니에게 보내면서 집으로 오라고 말하라고 했다. 아들은 어머니를 데리러 갔고 그녀에게 거위의 뼈를 주었다. 그녀가 그 뼈에 입김을 불어넣으니 거위가 되살아났다.

마로클나브트는 머리를 빗어 가르마를 탔으며 옷을 차려 입고 첫 남편인 예멤쿠트에게로 갔다.

카만흐나브트는 아름다운 여자가 집으로 오고 있는 것을 보고 밖으로 나가려고 했지만 할 수 없었다.

마로클나브트가 예멤쿠트의 집으로 들어가서 가르마 주변 이마를 세로로 때리자 그녀는 두 조각으로 나누어졌다. 하나는 거위에게 가고 다른 하나는 예멤쿠트에게로 갔다.

예멤쿠트는 프라이팬을 가지러 보냈고 프라이팬을 달궜다. 알몸이 되게 옷을 벗긴 카나흐나브트를 밀어서 달궈진 프라이팬에 앉힌 다음 기름진 고기를 굽기 위해 마당으로 나갔다.

모두 기뻐했다. 먹고, 마시고, 산책하고 잠자리에 들었다. 카만흐나브트는 프라이팬 위에서 구워졌다.

레브네

옛날에 쿠트흐가 아내 미티와 살았다. 그들의 아이들은 딸만 있었다. 시나네브트, 아나라클나브트, 냐아, 시림이었다. 메추리 수컷인 레브네도 살았다. 그는 시나네브트에게 청혼하기로 했다. 어느 날 시나네브트가 쐐기풀을 모으러 갔다. 레브네는 그녀 뒤를 따라갔다. 레브네가 말했다.

"시나네브트가 이미 지나갔어. 난 시나네브트를 쫓아갈 거야."

레브네는 강을 어망으로 덮고 물고기를 낚았다. 시나네브트는 노래를 불렀다. 레브네는 그 소리를 듣고 목소리가 들리는 곳으로 갔다. 그는 시나네브트를 보고 그녀에게 달려들었다. 그녀는 레브네를 밀치며 말했다.

"뭐예요? 난 당신에게 시집가지 않아요. 당신 눈은 빨개요."

그들은 돌아가서 강으로 왔다. 레브네가 말했다.

"시나네브트, 내가 널 건너가게 해 줄게."

시나네브트가 말했다.

"나 스스로 잘 건너갈 수 있어."

레브네가 말했다.

"시나네브트, 나의 강을 오염시키지 마."

시나네브트는 스스로 강을 건넜다. 그들은 계속 걸어갔다. 레브네의 집에 들렀다. 레브네는 시나네브트에게 명령했다.

"나의 털코트를 닦아. 난 낚시 갔다 올게."

레브네가 떠났다. 그때 예멤쿠트가 와서 시나네브트를 잡고 그녀와 결혼했다. 그들은 떠났다. 레브네가 와서 보니 시나네브트가 없고 그 혼자 남겨 두었다.

다음 날 아나라클나브트가 쐐기풀을 모으러 갔다. 레브네가 그녀의 뒤를 밟고 말했다.

"아나라클나브트는 이미 지나갔어. 내가 아나라클나브트를 쫓아가야지."

레브네가 갔다. 그는 강에 와서 어망을 살펴보았다. 물고기가 가득했다. 아나라클나브트가 노래를 했다. 레브네가 그 소리를 듣고 가서 그녀에게 덤벼들었다. 그녀는 그를 밀쳤다.

"뭐 하는 거야, 레브네? 나는 너에게 시집가지 않을 거야. 너의 눈은 너무 빨개."

레브네는 부끄러워져서 한쪽으로 물러났다. 아나라클나브트에게 쐐기풀을 대신 날라 주는 것을 허락해 달라고 부탁했다.

"아나라클나브트야, 내가 너의 쐐기풀을 가져다줄게."

아나라클나브트가 말했다.

"나 혼자 잘 가지고 갈 수 있어."

그들은 걸어서 강에 도착했다. 레브네가 말했다.

"아나라클나브트야, 내가 너를 등에 태워 건네 줄게."

아나라클나브트가 말했다.

"나 혼자서 잘 건널 수 있어."

레브네가 말했다.

"내 강을 오염시키지 마. 이 강을 그 누구도 한 번도 건넌 적이 없어."

그런 아나라클나브트는 스스로 강을 건넜다. 레브네는 그녀를 자신의 집으로 데리고 갔다. 그들은 집으로 들어갔고 레브네가 말했다.

"아나라클나브트야, 우리 집에 있어. 나의 털코트를 닦아, 그러면 난 생선 머리를 가지고 올게."

레브네가 떠났고 야생 순록, 일빔탈한이 와서 창가에서 물었다.

"아나라클나브트, 왜 레브네에게 시집간 거야?"

"아냐."

"털외투를 닦고 있잖아?"

"아냐!"

그때 그가 아나라클나브트를 잡아서 데리고 가 버렸다.

레브네가 왔지만 아나라클나브트가 없었다.

"누가 너를 데리고 갔는지 내가 모른다고 생각하는 거지? 일빔탈한!"

그런 다음 냐아가 쐐기풀을 모으러 왔다. 레브네는 마당으로 나갔다. 그는 그녀의 뒤를 쫓아갔다. 냐아는 노래를 불렀다. 레브네가 냐아가 노래하는 것을 들었다. 그는 그녀에게 다가갔다. 그녀에게 달려들었지만 갑자기 자신의 꼬리가 영원히 위로 돌출되어 있다는 것에 부끄러웠다. 극복하고 냐아에게 달려들어 그녀와 결혼했다. 냐아는 울었고 레브네는 말했다.

"울지 마! 집으로 가자."

레브네는 쐐기풀을 가지고 갔다. 그들은 걸어서 강에 도착했다. 레브네가 말했다.

"이봐, 냐아, 내가 너를 등에 태우고 강을 건널게."

냐아가 말했다.

"나 혼자서도 잘 건널 수 있어. 난 무거워, 넌 날 들 수 없어."

"등에 타!"

냐아가 앉았다. 레브네는 그녀를 태우고 강을 건넜다. 그의 모든 관절들이 떨었다. 냐아가 말했다.

"왜 떨어?"

레브네가 말했다.

"다리 밑에 돌이 달그락거리는 거야."

강을 건너서 집으로 갔다. 집 안으로 들어갔다. 레브네가 말했다.

"냐아, 내 털외투를 닦아."

레브네는 갔다. 생선 머리를 가지러 간 것이다. 그때 모사꾼 주스치가 왔다. 그는 소리쳤다.

"냐아야, 레브네에게 시집간 거야?"

냐아가 말했다.

"응, 갔어."

"그의 털외투를 닦는 거야?"

"응, 닦는 거야."

주스치는 떠났다. 레브네가 생선 머리를 가지고 왔다. 그들은 식사를 했다. 식사가 끝나자 레브네가 말했다.

"그럼 너의 부모님에게 가자."

레브네는 밖으로 나갔고 해를 향해 눈을 깜박거렸다. 그는 너무 아름다운 청년으로 변했다. 아주 아름다운 청년이었다! 그는 집으로 들어갔고 냐아는 그를 보며 웃었다.

"나의 남편이 너무 멋있게 변했네!"

그들은 쿠트흐에게로 갔다. 그들은 레브네 부부를 맞이

했다. 쿠트흐는 즉시 레브네에게 달려들었고 위의 사위들을 밀쳤다. 그들은 레브네를 보지 않았다. 창피했다. 시림이 말했다.

"어머, 냐아의 남편이 제일 멋있어."

레브네는 자기 집으로 돌아갔다. 그는 쿠트흐를 모든 가족과 함께 자신의 집으로 데리고 갔다. 위 사위들은 남아 있었다. 그들은 레브네를 보지 않았다. 창피했기 때문이다.

레브네는 즐겁게 살았고 부족한 것이 없었다.

예멤쿠트, 아나라클나브트와 발렌 시나네브트

옛날에 예멤쿠트는 누이 아나라클나브트와 살았다. 예멤쿠트는 사냥하러 다녔고 온갖 짐승들을 잡았다. 어느 날 예멤쿠트는 아픈 척을 했다. 아나라클나브트는 언덕으로 가서 그 언덕을 지나쳐 바다로 갔다. 그녀는 높은 절벽을 발견하고 바다로 내려가 거기서 숨어 발렌 시나네브트[10]가 가죽배를 타고 바다로 떠가는 것을 보았다. 배는 바다토끼와 물범을 가득 실었다. 시나네브트는 짐승들의 배를 가르고 포획물을 정리하고 나서 기슭을 따라 바다풀을 모으러 갔다. 갑자기 아나라클나브트가 보였다.

"너야?"

"응, 나야. 네가 남자라고 생각해서 숨어 있었어."

"좋아, 우리 집에 가자!"

발렌 시나네브트는 집에 있는 모든 것으로 아나라클나브트를 대접하기 시작했다.

"너한테 오빠들이 있었지? 난 너를 나의 오빠에게 주지

---

10) 발렌 시나네브트는 여기서 예멤쿠트의 누이동생인 시나네브트가 아니라 야생 사슴을 사냥하는 사냥꾼을 남자 형제로 둔 여자다.

않는 건 두렵지 않아. 그러니 너도 나를 너의 오빠에게 넘기지 마. 우리 오빠들은 모두 산양을 사냥하러 갔어."

발렌 시나네브트의 오빠들이 와서 물었다.

"동생아, 누가 여기 오지 않았니? 우리에게 말해!"

"아무도 오지 않았어. 나도 지금 막 바다에서 왔어."

다음 날 발렌 시나네브트의 오빠들은 다시 산양을 잡으러 사냥을 떠났다. 아나라클나브트는 자신의 친구에게 말했다.

"우리 오빠가 아파, 우리 집으로 갈게."

발렌 시나네브트는 자신의 친구 아나라클나브트가 길을 떠나도록 채비를 해 주었다. 뇌, 고기 등 그녀에게 모든 것을 주었다. 발렌 시나네브트가 말했다.

"너의 오빠가 아프니 너는 굶주리게 될 거야. 음식을 잘 보관해 둬."

아나라클나브트는 집으로 갔다. 그녀가 집에 도착하니 오빠는 매우 심하게 앓고 있었다. 예멤쿠트는 누이동생에게 뭔가 먹을 것을 달라고 부탁했다. 그녀는 그에게 고기를 가져다주었고 그는 말했다.

"아니, 난 다른 것이 먹고 싶어."

그때 아나라클나브트가 오빠에게 화를 내며 말했다.

"오빠한테서 떠날 거야."

아나라클나브트는 떠났다. 예멤쿠트는 일어나서 누이동생의 털외투를 걸치고 까마귀가 되어 날아갔다. 발렌 시나네브트에게로 날아가서 임시 천막에 앉아 뛰기 시작했다.

발렌 시나네브트가 바다에서 와서 보니 까마귀가 임시 천막 위에 앉아 돌을 거기에 던지고 있었다.

"까마귀야, 도둑질하지 마."

예멤쿠트는 창피해져서 다른 곳으로 날아갔다. 다시 인간이 되었다. 그는 발렌 시나네브트에게 와서 곧 덤벼들어 그녀를 잡았다. 발렌 시나네브트는 그를 알아보고 놀랐다. 예멤쿠트는 그녀와 결혼하고 집으로 갔다. 그들은 즐겁게 잘 살았다.

첼쿠트흐와 독버섯 아가씨들

옛날에 첼쿠트흐[11])가 살았다. 그는 쿠트흐의 딸 시나네브트에게 청혼해서 그녀를 위해 일하고 많은 장작을 가지고 왔다. 결국 그는 시나네브트와 결혼했다. 그들은 즐겁게 살았다. 시나네브트는 아들을 낳았다. 첼쿠트흐는 숲으로 가서 아름다운 독버섯 아가씨들[12])을 찾아서 그 아가씨들과 숲

---

11) 첼쿠트흐는 민담에 등장하는 까마귀다. 이텔멘 민속에서 쿠트흐의 적대자로 나온다. 현재 쿠트흐와 첼쿠트흐가 고아시아 언어로 보아서 어원상 연관이 있는지 알 수가 없다. 분명한 것은 첼쿠트흐가 쿠트흐에서 파생되었다는 정도다. 쿠트흐라는 말의 생성은 고대 고아시아인의 언어 중 하나, 또는 과거에 소멸되었고 '까마귀'라는 말을 의미했던 이텔멘어와 연관된 방언 중 하나와 연관되는 것으로 추정할 수 있다.

12) 독버섯 아가씨들은 이텔멘 민속에서 신화적인 숲의 미녀들이며 깊은 숲에서 마술로 사냥꾼들을 유혹한다. 독버섯 아가씨들에 관한 신화는 환각의 수단으로 독버섯을 이용했던 캄차카와 추콧카의 고아시아인들의 고대 관습에서 기인한다. 특히 바나크(ванак)라고 부르는 광대버섯은 코랴크인이 도취한 상태를 만들기 위해 사용했던 것이다. 그러나 축치인에게서는 드물게 나타난다. 남자를 마법의 세계로 끌어들이는 독버섯 아가씨들에 관한 신화는 1965～1966년에 소련의 지질학자와 고고학자들이 발견한 펙티멜(Пегтымель) 산맥의 원시인들이 새겨 놓은 바위 조각, 최북단의 동굴 벽화에 형상

에 남았고 자신의 아내를 잊었다.

시나네브트는 걱정하며 기다렸다.

“그는 어디 있는 거지? 죽은 거 아냐!”

할머니, 즉 쿠트흐의 누이이며 그녀의 고모가 그들과 살았다. 그녀가 말했다.

“시나네브트야, 남편을 더 이상 기다리지 마, 그는 이미 오래전에 독버섯 아가씨들과 살고 있어.”

그들은 아들을 아버지에게 보냈다.

소년은 아버지에게로 가서 노래를 불렀다.

“나의 아버지 첼쿠트흐, 나의 어머니 시나네브트, 아버지는 우리를 잊었구나.”

첼쿠트흐는 아들이 노래하는 것을 듣고 말했다.

“가라, 뜨거운 장작개비로 그를 태워라. 그에게 나는 그의 아버지가 아니라고 전해라.”

아가씨들은 장작개비를 들고 소년에게 불을 질렀고 그의 양손을 태웠다.

“뜨거워! 엄마, 장작개비로 나를 태워요!” 소년이 소리

화되었다. 이 벽화에는 독버섯의 춤이 묘사되어 있고 그 단편들 중 하나에는 독버섯 아가씨가 사냥꾼들을 데려가는 형상이 묘사되어 있다.

쳤다.

소년은 어머니에게로 돌아갔다. 그가 왔고 어머니는 그에게 물었다.

"아버지가 무슨 말을 하더냐?"

"'난 너의 아버지가 아니다'라고 했어요. 독버섯들에게 나를 뜨거운 장작개비로 태우라고 명령했고 양손을 태웠어요. 탄 곳이 너무 아파요. 전 내일 아버지에게 가지 않을 거예요. 안 그러면 절 다시 뜨거운 장작개비로 태울 거예요."

다음 날 할머니는 다시 그를 아버지에게로 보냈다.

"다시 한번 갔다 오너라, 다시 노래를 부르고 '아버지, 우리는 내일 선한 모든 것과 떠날 거예요. 당신은 숲에 남아 계세요. 독버섯 옆에요. 당신들 모두 굶게 될 거예요'라고 말해."

소년은 아버지에게로 가서 노래를 불렀다.

"아버지, 우리는 내일 선한 모든 것과 떠날 거예요. 당신은 숲에 남아 계세요. 독버섯 옆에요. 당신들 모두 굶게 될 거예요."

첼쿠트흐는 아들이 노래하는 것을 듣고 화가 났다.

"아가씨들아, 가서 그를 띠로 때리고 불로 태워라. 이리로 오지 못하게 해!"

아가씨들은 불과 띠를 들고 소년을 때리고 불로 태웠다.

그런 다음 그를 쫓아 버렸다. 소년은 소리쳤고 어머니에게로 불에 탄 채로 왔다. 할머니는 그에게 입김을 불었고 그의 상처가 말끔히 나았다. 할머니가 말했다.

"시나네브트야, 채비를 해라, 숲으로 가자!"

그들은 채비를 해서 모든 짐승을 부르고 아무것도 남겨 놓지 않은 채 다 데리고 가 버렸다. 그들은 숲으로 가서 높은 산을 골라 위로 올라갔다. 물을 산에 끼얹으니 얼음산이 되었다.

첼쿠트흐는 숲으로 갔지만 한 마리의 짐승도 잡을 수 없었고 모든 흔적이 사라졌다. 첼쿠트흐는 아가씨들과 굶게 되었다. 그들은 뭘 먹지? 첼쿠트흐는 아내와 아들을 기억해냈다. 그는 자기 집으로 갔다. 집에 와 보니 아내도 아들도 없었다. 첼쿠트흐는 한탄을 했다.

"나의 식구들은 모두 어디로 사라진 거지? 시나네브트, 나 배고파, 뭐 좀 먹고 싶어. 당신은 아들과 어디로 가 버린 거요?"

그는 흔적을 따라 아내를 쫓아갔고 높은 산에 도달했다.

"위로 어떻게 올라가지?"

매우 미끄러웠다. 그는 아래에서 소리쳤다.

"시나네브트, 나를 올려 줘."

시나네브트는 아래로 띠를 던지며 소리쳤다.

"첼쿠트흐, 띠를 잡아요."

그는 띠를 잡았다. 그녀는 그를 산 위로 올리기 시작했다. 가까이에 와서 그는 발을 정상에 놓았다. 그때 그녀는 띠를 칼로 잘랐다. 첼쿠트흐는 아래로 날아가서 떨어져 죽었다가 살아나서 다시 소리쳤다.

"시나네브트, 나를 올려 줘, 나 배고파서 죽겠어."

"왜 독버섯 아가씨들과 살지 않죠? 왜 자기 독버섯과 살지 않는 거예요? 왜 우리에게로 온 거예요? 잘하는 짓이에요. 아들을 겁준 만큼 당해도 싸요."

"시나네브트, 화내지 마, 나를 올려 줘. 나 배고파."

그녀는 다시 띠를 던졌다.

"좋아, 잡아요. 올려 줄게요."

첼쿠트흐는 띠를 잡았고 그녀는 그를 올렸다. 정상이 멀지 않은 곳에서 다시 그녀는 칼로 띠를 잘랐다. 첼쿠트는 다시 아래로 날아가 떨어져 죽었다가 누워 있은 후 살아났다. 그는 다시 소리쳤다.

"시나네브트, 화내지 마."

"당신을 올려 주지만 다시 또 그렇게 행동할 거예요?"

"아니, 안 해, 시나네브트, 그렇게 하지 않을 거야."

그녀는 띠를 던져서 그를 올렸다. 그는 자기 몸을 말리고 기뻐했으며 실컷 먹었다. 그들은 다시 전처럼 즐겁게 살았다. 그러나 독버섯 아가씨들은 말라서 죽었다.

시나네브트의 잘못

옛날에 시나네브트와 예멤쿠트가 살았다. 그들은 잘 살았고 그들 집안의 모든 일이 순조로웠다. 갑자기 시나네브트에게 무슨 일이 일어났다. 무슨 일인지 불편한 일이 벌어졌고 그녀는 뭔가에 대해 계속 생각했다. 오빠가 그녀에게 물었지만 그녀는 아무 말도 하지 않았다.

"무슨 일이야?"

"나에게 아무것도 물어보지 마. 나는 사는 것이 너무 지루해."

시나네브트는 어딘가로 떠났다. 갑자기 강에 있는 송어를 보았다. 그녀는 송어 한 마리를 잡아서 말했다.

"내 남편이 되어 줘."

송어는 그녀의 손에서 푸덕거렸다. 시나네브트가 말했다.

"남편이 매우 장난기가 있네!"

그녀는 곧 집으로 가서 다락방으로 올라가 거기서 송어와 함께 누웠다. 송어가 무서워하자 그녀는 웃었다.

"널 간지럽혀야지."

하루 종일 시나네브트는 다락방에서 날카로운 소리를 지

르고 킬킬거렸으며 송어와 누워 있었다. 밤새 예멤쿠트가 자는 걸 방해했다. 아침에 시나네브트가 말했다.

"이제 자. 내가 널 감춰 줄게. 난 딸기 따러 갈 거야."

시나네브트가 떠났다. 예멤쿠트가 다락방에 올라가서 송어가 침대에 있는 것을 보았다. 그는 송어를 잡아서 강으로 데리고 갔다. 시나네브트는 이것을 보고 즉시 노래를 불렀다.

"나의 남편을 강에 던져 버렸네."

그녀는 자신의 남편을 매우 안타까워했다. 그녀는 집으로 와서 비계를 걸기 위한 나무 고리[13]를 남편으로 삼아 그와 잠자리에 들었고 고리는 그녀에게 말했다.

"시 시셰 시슈 시세시.[14]"

시나네브트는 물었다.

"뭐라는 거야? 나에게 키스해도 되냐고?"

고리가 말했다.

"시 시셰 시슈 시세시."

---

13) 조각 낸 마르지 않은 물범 비계를 물범의 부레에 넣어 보관했다. 부레에서 비계를 꺼내기 위해 별칭을 가진 특별 제작된 고리를 사용했다.

14) 원본에서 고의로 왜곡한 말이다. 화자의 의미를 보면, 시나네브트와 "나무로 만든" 혀로 말하는 고리는 서로의 말을 알아듣지 못한다.

아침에 시나네브트가 말했다.

"자, 내가 널 숨겨 줄게. 나는 딸기 따러 갈 거야."

시나네브트가 떠나자 예멤쿠트는 곧 위로 올라갔다. 거기서 시나네브트는 왜 또 비명을 지른 거야? 그는 고리를 보았다. 그는 고리를 들고 마당으로 간 다음 불을 피워 거기에 고리를 던졌다. 갑자기 시나네브트는 연기가 올라오는 것을 보았고 즉시 노래를 불렀다.

"나의 남편이 불 속에서 타고 있네. 기름기 있는 연기가 올라오네. 예멤쿠트가 그를 태우고 있네."

시나네브트는 집으로 가서 갑자기 털이 빠진 개를 보고 개를 잡은 다음 말했다.

"나의 남편이 되어 줘."

개는 그녀에게 짖었다. 시나네브트는 말했다.

"왜 웃는 거야? 우리 다락방으로 가서 자자."

그녀는 개를 눕혔고 개는 계속 으르렁거렸다. 시나네브트는 웃었다.

"왜 웃는 거야?" 그녀는 개에게 물었다. "내가 그렇게 예뻐? 아름다울 거야."

시나네브트는 다시 밤새 비명을 지르고 깔깔거렸다. 예멤쿠트는 그녀 때문에 밤새 잠을 자지 못했다. 시나네브트는 아침에 말했다.

"이제 자, 난 딸기 따러 갈 거야."

시나네브트는 나가려다 개에게 키스를 하고 싶었다. 개는 그녀를 물었고 시나네브트가 말했다.

"알았어, 알았어. 멀리 가지 않을게. 넌 키스할 때 무는구나."

시나네브트가 떠났다. 예멤쿠트는 즉시 다락방으로 올라갔고 화가 나 있었다. 그는 담요를 침대에서 끌어냈고 거기서 개를 보았다. 그는 개의 목을 잡고 지붕에서 내려 매달았다. 시나네브트는 개가 매달려 있는 것을 보고 노래했다.

"나의 남편을 매달았구나. 혀가 쑥 나와 있네, 내 남편이 웃고 있네. 하하하, 예멤쿠트."

시나네브트는 집으로 왔다. 그녀가 집에 다가가다 거기서 죽은 인간을 발견했는데 그의 아래 반은 개가 먹어 치웠다. 그녀는 그를 들고 다락방으로 올라가서 그와 자려 했다. 그들은 누워서 이야기했다. 죽은 자가 그녀에게 말했다.

"시나네브트!"

"네?"

"불앵이 잦아와."

"뭐라는 거예요?"

"불앵이 잦아와."

예멤쿠트는 그녀가 죽은 자를 다락방으로 가지고 가는

것을 보고 혼잣말을 했다. '이제 아주 나쁜 생활이 시작되었군.'

아침에 시나네브트는 딸기를 따러 갔고 죽은 자를 담요로 숨겼다. 그녀가 가자마자 예멤쿠트는 곧 다락방으로 올라가 죽은 자를 보고 놀라 그를 덮고는 아래로 내려갔다.

시나네브트가 와서 죽은 자에게 가서 누웠다. 그가 그녀에게 말했다.

"너의 불행이 고고 있어."

"제가 더럽다고요?" 시나네브트가 그에게 물었다.

"너의 불행이 고고 있어."

"제가 당신을 버릴 거라고 말하는 거예요? 아뇨, 전 당신을 버리지 않아요." 시나네브트가 말했다.

"너의 불행이 고고 있어."

예멤쿠트는 혼잣말을 했다. "이 집을 태우고 이 자리를 떠나는 것이 좋겠어."

그는 집을 태우고 떠났다. 시나네브트는 죽은 자와 거기서 타 죽었다.

시나네브트와 아나라클나브트의 결혼식

옛날에 쿠트호가 살았는데 그에게는 시나네브트와 아나라클나브트라는 딸이 있었다. 쿠트호는 아이들을 못살게 굴었고 그들은 사는 것이 힘겨웠다. 시나네브트는 생각 끝에 아나라클나브트에게 말했다.

"바다로 가자, 안 그러면 아버지가 우리를 못살게 굴 거야."

그들은 바다로 갔고 온갖 열매를 모으며 그 열매로 점박이 고래를 만들기 시작했다. 고래는 완성되었다. 그들은 안에 타고 바다의 쿠트호에게로 갔다. 고래는 잠수했다가 불쑥 나왔고 거기서 연기처럼 공기가 나왔다. 바다의 쿠트호에게 도착했다. 그는 그들을 환대했다. 바다 쿠트호가 물었다.

"당신들은 어디서 온 겁니까?"

"우리는 살려고 당신에게 왔어요."

그들은 즐겁게 살기 시작했다. 거기서 겨울을 보냈고 부족함이 없었다. 봄에 자신의 땅으로 돌아갔다. 바다 쿠트호는 그들에게 고기, 비계, 모피를 실어 주고 그들에게 모든 것을 공급했다. 그들은 바다를 순조롭게 항해했고 파도를 탔다. 갑자기 고래가 멈췄다. 시나네브트는 잠에서 깨서 말했다.

"고래가 왜 움직이지 않지?"

그녀는 나가서 주변에 땅이 푸르른 것을 보았다. 그녀는 땅에 내렸다. 당귀, 터리풀을 모아서 돌아간 다음 머리맡에 놓았다. 아나라클나브트가 자고 일어났다. 시나네브트는 그녀에게 물었다.

"무슨 꿈을 꾸었어?"

"아무 꿈도 꾸지 않았어."

시나네브트가 말했다.

"우리가 이미 육지에 닿은 것 같은 꿈을 꾸어서 난 당귀, 터리풀과 같은 풀을 모아 왔어. 봐, 정말 나의 베개 밑에 당귀가 있잖아."

아나라클나브트는 시나네브트의 베개 밑을 보았고 당귀, 터리풀을 발견하고 말했다.

"시나네브트, 나를 속이는 거지!"

아나라클나브트는 밖으로 나가서 땅을 보았다. 그때 그 둘은 땅에 내려와 고래를 치웠다. 시나네브트는 동생에게 말했다.

"아나라클나브트야, 난 너를 순록으로 변신시키고 난 곰으로 변신할 거야. 넌 숲을 돌아다녀, 난 나를 띠로 기둥에 묶을 거야."

그녀는 아나라클나브트를 순록으로 변신시켰다. 그녀는 진짜 순록처럼 돌아다녔다. 시나네브트 자신은 곰으로 변신한 다음 몸을 띠로 기둥에 묶고 매우 무섭게 변했다.

시나네브트가 말했다.

"아나라클나브트야, 숲으로 달려가 누구든 너를 잡도록 해. 나에 대해서는 그 누구에게도 말하면 안 돼."

아나라클나브트는 숲으로 갔다. 가다가 언니에게 한 번 달려갔다. 그녀는 숲을 돌아다녔다.

두 명의 친구가 숲에서 사냥을 했다. 그들은 순록을 보고 가까이에 살금살금 다가가 활을 쏘고 즉시 쓰러뜨렸다. 그들은 순록의 배를 가르고 내장을 꺼냈다. 거기서 아름다운 아가씨가 나왔다. 형은 즉시 그녀와 결혼했다. 그들은 그녀를 집으로 데리고 갔다. 그들은 잘 살았다.

그러나 아나라클나브트는 해가 지면 밖으로 나가 울면서 시나네브트를 떠올렸다.

거기에 할머니가 살았다. 그녀는 아나라클나브트가 시나네브트를 떠올리는 소리를 들었다. 아나라클나브트는 집으로 들어갔고 할머니는 그녀에게 물었다.

"누구를 생각하는 거니?"

"아무도 아니에요." 아나라클나브트가 말했다. "저에게 언니 시나네브트가 있어요. 언니는 저기 바닥에 곰이 되어 있어요. 아주 사나워요."

사냥꾼들은 길을 떠날 채비를 하고 화살을 만들었다. 케치도 화살을 만들었는데 버드나무로 만들었다. 그들은 곰을 잡으러 갔다. 케치도 떠났으며 가는 나무로 만든 썰매는 쥐들이 끌었다. 친구들이 그를 비웃었다.

"케치, 어디 가는 거니?"

"그냥 가는 거야, 고기를 조금 먹을게."

친구들은 도착해서 곰에게 화살을 쏘았지만 그 누구도 맞히지 못했다. 곰은 화살을 이빨로 물었고 화살은 전부 망가졌다. 그때 마침 케치가 도착했다. 그의 친구들은 그에게 활을 요구했다. 케치가 말했다.

"내가 그를 쏠 거야."

케치는 쏘았고 맞혀서 곰을 즉시 쓰러뜨렸다. 그들은 곰의 배를 갈라 내장을 꺼냈다. 거기서 시나네브트가 나왔다. 친구들은 케치를 부러워했다. 그들은 모두 집으로 갔다. 케치는 아내를 집으로 태우고 갔다. 그들이 도착하고 보니 케치가 없었다. 케치와 아내는 도중에 멈췄고 케치가 말했다.

"여기 있어요. 난 잠시 다녀올 테니 무서워 말아요."

케치는 자신의 할머니에게로 갔다.

"할머니, 저 시나네브트와 결혼해요. 추운 길에 제 아내를 세워 뒀어요."

할머니가 휘파람을 불었다. 두 마리의 순록이 끄는 썰매가 왔고 썰매에 털코트가 있었다. 할머니는 손자가 결혼하는 것이 기뻤다. 케치는 아내에게로 갔고 그녀는 그를 알아보지 못했다. 케치가 말했다.

"이리로 와서 타요."

시나네브트가 말했다.

"타지 않을 거예요. 전 남편이 있어요. 이제 올 거예요."

케치가 말했다.

"내가 당신 남편이야, 난 우리 할머니에게 갔다 왔어."

시나네브트가 썰매에 탔고 그들은 길을 갔다. 곧 친구들을 따라잡았다. 친구들은 시나네브트를 보았고 아름다운 청년이 그를 태우고 왔다. 누군가가 케치의 아내를 훔쳤다고 할 정도였다. 케치는 즐겁게 살았다.

예멤쿠트의 결혼식

옛날에 쿠트흐가 아내 미티와 살았으며 그들에게는 아들 예멤쿠트가 있었다. 그들은 잘 살았고 부족한 것 없었다. 예멤쿠트는 아가씨를 찾으러 가기로 결심했다. 결혼이 하고 싶었다. 그는 신붓감을 찾으러 떠났다.

쿠트흐는 아내와 함께 열매를 따러 잣나무 숲으로 갔다. 쿠트흐가 말했다.

"미티, 서로 소리를 지르자, 잣나무 숲에 곰이 돌아다니잖아."

그들은 서로 소리를 질렀다. 쿠트흐는 소리쳤고 아내는 소리로 화답했다.

"미티!"

미티가 소리쳤다.

"아, 아, 아!"

그런 다음 미티는 남편에게 소리 질렀다.

"쿠트흐!"

쿠트흐가 소리쳤다.

"아, 아, 아!"

쿠트흐가 다시 아내에게 소리 질렀다.

"미티!"

미티가 소리 질렀다.

"아, 아, 아!"

미티가 남편을 불렀다.

"쿠트흐!"

쿠트흐가 소리쳤다.

"아, 아, 아!"

미티는 싫증이 나서 소리 지르는 것을 멈췄다. 쿠트흐가 말했다.

"미티가 어디로 간 거지? 소리 지르지 않고!"

쿠트흐는 다시 소리치기 시작했다.

"미티, 미티!"

미티는 심하게 소리 질렀다.

"아, 아, 아!"

쿠트흐는 놀라서 곧 저세상으로 갔다. 그는 좋은 임시 천막과 집을 발견했다. 임시 천막에 앉았다. 아가씨가 마당으로 나가고 보니 쿠트흐가 임시 천막에 앉아 있었다. 그녀가 말했다.

"왜 왔어요? 음식을 망쳤어요."

그녀는 그에게 돌을 던졌다. 쿠트흐는 돌을 무서워하지 않았다. 동생 아가씨가 밖으로 나왔다. 언니 아가씨는 그녀에게 말했다.

"봐, 저기 앉아 있어. 물론 너는 그를 불쌍하게 생각하겠지."

동생 아가씨는 임시 천막에 달려들어 쿠트흐에게 온갖 음식을 대접했다. 쿠트흐는 모든 음식을 털외투에 밀어 넣었다. 이때 미티는 집으로 갔다. 쿠트흐는 없었다. 미티가 울었다.

"나의 쿠트흐는 어디에 있는 거지? 그는 어디로 간 거지?"

쿠트흐가 집으로 왔고 그녀는 그를 보았다. 그녀는 기뻐했다. 쿠트흐는 좋은 음식을 가지고 왔다. 미티가 그에게 물었다.

"쿠트흐, 어디 갔다 온 거야?"

"당신이 나를 놀라게 해서 저세상에 떨어졌어."

예멤쿠트가 왔다. 그는 아가씨들을 찾지 못했다. 많은 생각을 하게 되었고 병이 나서 먹지 못하게 되었다. 그런 다음 그는 아버지에게 물었다.

"돌아다닐 때 아가씨 보지 못했어요, 아버지?"

"나는 몰라, 아무 데도 가지 않았어. 계속 집에 있었어. 항아리만 들고 나갔어."

그 아가씨들에 대해 쿠트흐는 완전히 잊고 예멤쿠트에게 아무 말도 하지 않았다. 미티는 그들에 대해 떠올리고 말했다.

"쿠트흐, 어딘가에서 아가씨들을 봤다고 나에게 말했잖아."

그때 쿠트흐도 기억해 냈다.

"맞아, 미티. 조용히 해, 내가 이 아이에게 말할게. 예멤쿠트 들어 봐, 내가 저세상에서 아가씨들을 봤어. 두 명의 아가씨였지. 언니하고는 결혼하지 말고 동생하고 해. 내일 누이동생과 잣나무 숲으로 가서 서로 소리 높여 불러, 누이동생이 너를 놀라게 할 거야. 너는 놀라서 자신을 잊어버리고 내가 갔던 길을 따라가. 집과 임시 천막이 보일 거야. 임시 천막에 앉아. 곧 언니 아가씨가 밖으로 나와 너에게 돌을 던질 거야. 그 사람은 언니 아가씨야. 그 아가씨와 결혼하면 안 돼. 그런 다음 동생 아가씨가 나올 거야. 이 사람은 즉시 임시 천막으로 들어올 거야. 그리고 너에게 먹을 것을 줄 거야. 너에게 나의 털외투를 줄 테니 가지고 가. 결혼할 때 곧 그녀를 이리, 우리에게 던져."

예멤쿠트는 누이동생과 잣나무 숲으로 갔다. 그들은 서로 소리 높여 불렀다. 쿠트흐와 미티처럼 서로를 불렀다. 시나네브트는 소리치는 것에 싫증이 나서 잠시 잠자코 있다가 소리치기로 했다. 예멤쿠트는 놀라서 쿠트흐가 갔던 길을 따라갔고 저세상으로 떨어졌다. 임시 천막을 발견하고 거기에 앉았다. 언니 아가씨가 즉시 밖으로 나왔다. 그녀는 돌을 던지며 말했다.

"이 사람이 다시 왔군. 여기 오는 것에 재미 들렸군."

동생 아가씨가 밖으로 나왔다. 곧 임시 천막 위로 기어 들어갔고 예멤쿠트를 대접했다. 예멤쿠트는 아무것도 먹지 않았다.

"왜 먹지 않아요?" 아가씨가 물었다.

그때 예멤쿠트는 그녀를 안았다. 그는 그녀와 결혼했고 그녀는 곧 임신했다. 아가씨는 울었다. 예멤쿠트가 말했다.

"통곡하지 말아요. 아이가 질식해요."

언니 아가씨가 동생이 임신했다는 소리를 듣고 화를 냈다.

"오빠들이 돌아오면 너에 대해 말할 거야!"

오빠들이 왔고 언니는 즉시 그들을 마중 나가서 말했다.

"동생이 잘 살 거라고 생각해? 그 아이는 이미 시집갔고 임신했어!"

오빠들이 말했다.

"좋은 일이네, 시집보내!"

그들은 함께 살기 시작했다. 예멤쿠트는 처남들과 함께 숲으로 사냥 다녔고 짐승을 잡았다. 그런 다음 예멤쿠트는 크고 작은 썰매를 만들었다. 만든 후 처남들에게 말했다.

"내일 우리 집으로 갑시다."

예멤쿠트가 휘파람을 불었다. 곧 순록의 대무리가 왔고 모두 점박이였다. 그는 또 한 번 휘파람을 불었다. 다시 순록 떼가 왔고 모두 하얀색이었다. 그는 점박이를 향해 휘파람을 불었고 점박이들은 돌아갔다.

처남들은 모두 기뻐했다. 그들은 그런 무리를 처음 보았다. 예멤쿠트는 순록을 묶었다. 아내의 머리카락을 한 올 뽑아서 머리카락 한 올로 처남의 집을 뒤 썰매에 묶었다. 그는 아내와 함께 집으로 갔다. 처남들이 이를 보고 말했다.

"이봐, 예멤쿠트는 한 번도 움직이지 않고 한자리에 있어!"

그들은 집이 묶여 있다는 것과 예멤쿠트가 그들, 처남들을 집과 함께 끌고 가고 있다는 것을 몰랐다. 예멤쿠트의 처남들은 또 보며 말했다.

"예멤쿠트는 뭘 하는 거지? 움직이지 않고 한자리에 있어."

예멤쿠트는 자신의 집에 가까워졌다. 도착 전 그는 썰매를 멈춘 다음 걸어서 갔다. 썰매 안에 아내를 남겨 두었다. 그는 어머니에게 가서 요청했다.

"길에 있는 모든 것을 던져요. 털가죽, 어린 순록 가죽, 검은담비 가죽, 여우 가죽 말이에요."

그는 아내에게 와서 다시 집으로 갔다. 예멤쿠트의 아내는 훌륭한 가죽, 어린 순록 가죽, 검은담비 가죽, 여우 가죽들이 뒹굴고 있는 것을 보았다. 예멤쿠트의 아내가 말했다.

"누가 어린 순록 가죽, 검은담비 가죽, 여우 가죽과 같은 이런 아름다운 가죽들을 버렸을까요?"

예멤쿠트가 아내에게 말했다.

"쿠트흐와 미티는 이걸 화장실 휴지로 써!"

그들은 도착했다. 쿠트흐와 미티는 매우 기뻐하며 즐겁게 살았다.

예멤쿠트와 아내 옐탈넨

옛날에 쿠트흐가 아내 미티와 살았다. 그들에게는 딸 옐탈넨과 쿠트흐의 어머니인 할머니가 살았다. 많은 청혼자들이 왔다 갔다. 할머니는 즉시 모두를 먹어 치웠고 그 누구도 들어가지조차 못했다. 그 할머니는 식인종이었다. 예멤쿠트도 절세미인인 옐탈넨에 대해 들었다. 예멤쿠트는 쿠트흐에게 가려고 야생 순록을 잡았다. 예멤쿠트는 집을 떠나서 순록을 잡았다. 그는 다가가 순록을 앞장세웠다. 할머니는 즉시 순록을 먹어 치웠다. 예멤쿠트는 빠르게 지나갔고 할머니는 그를 알아채지 못했다. 그는 쿠트흐에게 들어가서 물었다.

"쿠트흐, 당신 딸은 어디 있나요?"

쿠트흐가 말했다.

"우리는 딸이 없소."

옐탈넨은 다른 집에 있었다. 예멤쿠트는 거기에 살게 되었다. 물론 옐탈넨에게 들어가고 싶었지만 그녀는 허락하지 않았다. 예멤쿠트는 계속 생각했고 할머니로 변해서 눈보라를 만들었다. 그는 다시 옐탈넨에게 가서 물었다.

"옐탈넨, 나를 들여보내 줘, 얼어 죽겠어!"

그녀는 들여보냈다.

"할머니, 저기 문 옆에 앉으세요!"

옐탈넨은 예멤쿠트를 알아보지 못하고 정말 할머니로 여기고 맞았다. 예멤쿠트는 옐탈넨과 잤다. 옐탈넨은 깊은 잠에 빠졌고 아무것도 느끼지 못했다. 예멤쿠트는 그가 필요한 것을 만들었고 즉시 떠났다. 옐탈넨은 즉시 임신을 했다. 옐탈넨은 자신이 임신했다는 것을 알고 아이 옷을 지었다. 미티가 그녀에게 들어가서 말했다.

"어머, 옐탈넨, 너 뭐 하니? 무슨 바보 같은 짓을 하는 거야."

옐탈넨이 말했다.

"어머니, 저 임신했어요. 정말 아무하고도 자지 않았어요. 다만 눈보라가 치고 여기로 할머니를 들여보내 준 것밖에 없어요."

미티가 말했다.

"그 사람이 바로 예멤쿠트야!"

옐탈넨은 아주 아름다운 아이를 낳았다. 옐탈넨은 부모에게 말했다.

"신랑에게 전해 주세요. 옐탈넨이 '당연히, 난 허락해!'라고 말했다고요."

쿠트흐와 미티는 이에 대해 말했다.

"만약 네가 허락했다면 예멤쿠트에게 가!"

예멤쿠트는 그녀와 결혼했다. 그들은 잘 살았다. 예멤쿠트가 말했다.

"그럼 집으로 가자."

그들은 채비를 했다. 예멤쿠트는 밖으로 나가 휘파람을 불었다. 곧 순록 세 마리가 썰매를 끌 준비를 했다. 그들은 집으로 갔다. 옐탈넨의 친구들이 그녀에게 말했다.

"이제 잘되었구나. 눈물 콧물을 짜낼 일이 생길 거야."

그들은 집에 왔다. 까마귀들이 예멤쿠트의 집을 온통 더럽혔다. 예멤쿠트는 집을 치웠다. 그는 잔치를 벌일 생각을 했고 모두를 불렀다. 카자흐인들이 왔다. 치치킴치찬이 왔는데 독버섯을 먹은 것 같았다. 그는 말했다.

"옐탈넨, 뿔로 만든 국자에 오줌을 눠, 난 너의 오줌을 마실 거야. 우리는 한 침낭에서 잔 사이니까."

옐탈넨이 말했다.

"치치킴치찬, 넌 거짓말을 하고 있어."

예멤쿠트는 아내에게 화를 냈고 잔치는 중단되었다. 손님들이 모두 자기 집으로 갔고 잔치는 끝났다. 예멤쿠트는 누웠고 계속 누워서 일어나지 않고 아내와 치치킴치찬에 대해 화를 냈다. 심지어 아내를 보려고도 하지 않았다. 옐탈넨이 말했다.

"예멤쿠트, 당신은 계속 나에게 화를 내고 있어요, 전 아버지에게 가겠어요."

예멤쿠트가 말했다.

"지금이라도 떠나!"

옐탈넨은 울면서 나갔다. 그녀가 휘파람을 불자 즉시 순록 두 마리가 나타났다. 그녀는 다시 집 안으로 들어가 말했다.

"예멤쿠트, 잘 있어요. 나는 가요."

예멤쿠트는 아내의 옷자락을 잡았지만 저지할 수 없었다. 옐탈넨은 순록을 몰아 곧 사라졌다. 옐탈넨은 길을 따라가면서 눈물 콧물을 짜내고 있었다. 그녀는 말했다.

"정말, 친구들 말이 맞았어."

그녀는 부모에게 왔다. 다시 자신의 집에서 살았다. 밖은 따뜻해졌고 해가 뜨거웠다. 그때 예멤쿠트의 누이동생인 시나네브트가 자신의 오빠에게 말했다.

"예멤쿠트, 해가 뜨거워졌어, 밖으로 좀 나가!"

예멤쿠트는 나가고 싶지 않았다. 시나네브트는 그를 침대와 함께 밖으로 내놓았다. 예멤쿠트는 너무 누워 있어서 옆구리에 염증이 생겼다. 그는 마당에 앉아서 말했다.

"시나네브트, 나의 화살을 꺼내 줘, 내가 얼마나 잃어버렸는지 다시 세야겠어."

시나네브트는 화살을 꺼냈다. 예멤쿠트는 화살을 세기 시작했다. 화살에 풀이 걸려 있었지만 아무것도 손상된 것은 없었다. 그는 풀줄기를 칼로 자르고 뒤로 던졌다. 누군가 뒤에서 울면서 말했다.

"예멤쿠트, 난 네가 불쌍해, 나를 칼로 자르다니."

예멤쿠트가 뒤를 보니 거미 할머니가 있었다. 할머니는 일어나 예멤쿠트 주위를 세 번 달렸다. 예멤쿠트는 곧 좋아졌다. 아름다운 남자가 되었다. 다시 즐거워졌다. 그는 아내를 떠올렸다. 그는 다시 아내에게 갔다. 도착하니 들여보내주지 않았다. 예멤쿠트는 거기서 살기 시작했고 3년 동안 쿠트흐를 위해 일했다. 그러나 그는 그에게 아내를 내주지 않았다. 그때 예멤쿠트는 땅 밑을 파서 아내에게 가는 길을 만들었다. 이를 통해 아내에게 쿠트흐 몰래 가기 시작했고 아내 곁에서 잤다. 3년 동안 그렇게 했다. 마침내 예멤쿠트는 아내를 되찾았다. 그들은 다시 집으로 갔다. 도착해서 다시 잘 살았고 다시 잔치를 열었다. 모든 사람들을 불렀다. 많은 손님들이 왔다. 다시 나쁜 사람인 치치킴치찬도 왔다. 예멤쿠트는 즉시 그를 잡아서 어딘가로 던져 버렸다. 그는 손님들을 대접했다. 식사가 끝나고 싸움이 시작되었다. 누구도 예멤쿠트를 이기지 못했고 그는 모든 사람들을 땅에 내동댕이쳤다. 싸움도 끝났다. 모피 위에서 서로서로에게 덤볐고 다시 그 누구도 예멤쿠트를 이기지 못했으며 그들 모두는 떨어져 나갔다. 모피 위에서 노는 것도 끝났다. 모두 오줌을 누기 시작했다. 예멤쿠트는 매우 멀리 오줌을 눴다. 그 누구도 예멤쿠트보다 세지 못했고 그는 모두를 이겼다. 예멤쿠트는 즐겁게 살았다.

시실한과 예멤쿠트 아내 아야노믈흐차흐

옛날에 쿠트흐가 아내 미티와 살았다. 그들에게는 아이들이 있었는데 예멤쿠트, 시실한, 시나네브트, 시림이었다. 예멤쿠트는 숲으로 가서 아야놈탈한과 그의 딸 아야노믈흐차흐를 발견했다. 예멤쿠트는 청혼했다. 아야놈탈한은 딸을 그에게 주었다. 예멤쿠트는 결혼했다. 그들은 집으로 왔고 시림이 밖으로 나와 예멤쿠트의 아내를 보고 말했다.

"너무 아름다우세요."

시실한은 부러워서 예멤쿠트의 아내를 자신이 가지고 싶었다. 그는 누이동생을 예멤쿠트에게 보냈다.

시림이 말했다.

"예멤쿠트, 시실한이 곰 굴을 살펴보러 가자고 해. 갈래?"

예멤쿠트가 말했다.

"갈게. 보러 갈게!"

예멤쿠트는 가서 곰 굴을 살펴보았다. 시실한은 즉시 그를 그 굴로 밀었다. 곰들이 예멤쿠트를 환대했다. 그들은 고기를 대접했다. 곰들은 누가 그를 그 굴속으로 밀었는지 알았다. 곰들이 말했다.

"예멤쿠트, 집으로 가. 시실한이 너의 아내를 취하려

고 해."

그들은 예멤쿠트에게 곰 고기를 주었다. 그는 집으로 갔다. 도착해서 집으로 들어가 아내에게 물었다.

"시실한 왔어?"

아야노믈흐차흐가 말했다.

"지금 막 도착했어요."

시실한은 누이동생을 보냈다.

"시림, 예멤쿠트의 아내를 이리로 불러 줘."

시림은 들어가서 말했다.

"이봐요, 아야노믈흐차흐, 시실한이 당신을 불러요."

아야노믈흐차흐가 말했다.

"가지 않겠어요. 내가 남편을 버릴 수 있겠어요?"

시림이 보았다.

"아, 예멤쿠트가 돌아왔네."

"시림, 앉아서 고기 먹어."

시림은 앉아서 잘 먹고 집으로 돌아갔다. 시실한이 그녀에게 물었다.

"어떻게 됐어? 온대?"

"안 올 거야. 예멤쿠트가 돌아왔어."

"시림, 거짓말 마."

"난 거짓말 안 해. 정말 돌아왔어. 나한테 고기도 줘서 잘 먹었어."

시실한이 말했다.

"예멤쿠트는 무적인 모양이지?"

시실한이 다시 시림을 보냈다.

"예멤쿠트에게 가서 물어, 내일 그가 늑대 굴에 가길 원하는지 말이야."

시림은 예멤쿠트에게 가서 말했다.

"예멤쿠트, 내일 늑대 굴로 갈 거야?"

예멤쿠트가 말했다.

"갈게."

시림은 집으로 가서 말했다.

"간대."

그들은 늑대 굴에 갔다. 도착해서 다시 시실한이 예멤쿠트에게 굴을 살펴보라고 말했다. 예멤쿠트는 굴을 살펴보았다. 시실한은 다시 그를 밀었다.

늑대들은 예멤쿠트를 환대하고 고기를 대접했다. 그런 다음 예멤쿠트는 곧 집으로 갔다. 도착해서 집 안으로 들어갔다.

시실한이 다시 누이동생을 보냈다.

"이봐, 시림, 예멤쿠트 아내에게 이리로 오라고 해."

시림은 가서 말했다.

"아야노믈흐차흐, 시실한이 당신을 불러요."

아야노믈흐차흐가 말했다.

"가지 않을 거예요. 제가 남편을 버리겠어요?"

시림은 예멤쿠트가 돌아온 것을 알았다.

"시림, 앉아서 고기 먹어."

시림은 실컷 먹고 집으로 갔다. 가서 말했다.

"오지 않을 거야. 예멤쿠트가 돌아왔어."

시실한은 말했다.

"왜 늑대들은 예멤쿠트를 죽이지 않았지?"

시실한이 다시 시림을 보냈다.

"예멤쿠트가 얼음 구멍에 연어를 보러 갈까?"

시림은 가서 말했다.

"예멤쿠트, 내일 얼음 구멍에 연어 보러 갈래?"

예멤쿠트가 말했다.

"갈게."

시실한과 예멤쿠트는 얼음 구멍으로 갔다. 보니 연어가 많았다. 시실한은 예멤쿠트를 물속으로 밀었다. 그는 즉시 바닥으로 가라앉았다. 연어들은 예멤쿠트를 환대하고 연어를 구워서 대접했다. 그들은 여기서 같이 살자고 그에게 부탁했다.

예멤쿠트는 주저하지 않았다.

"나에게는 아내가 있어요."

예멤쿠트는 연어를 잔뜩 싣고 집으로 갔다. 도착해서 집에 들어갔다.

시실한이 다시 누이동생을 보냈다.

"가서 예멤쿠트 아내에게 이리 오라고 해. 난 예멤쿠트를 물에 빠뜨렸어."

시림은 가서 말했다.

"아야노믈흐차흐, 당신을 불러요. 당신 남편은 오지 않을 거예요."

"무슨 소리예요. 나의 남편은 여기 있어요."

시림은 보았다.

"예멤쿠트가 있네!"

"시림, 앉아서 구운 연어 먹어."

시림은 연어를 먹고 집으로 갔다. 시실한이 그녀에게 물었다.

"어떻게 됐어? 온대?"

"아니, 안 올 거야. 예멤쿠트가 왔고 연어를 가지고 와서 난 잘 먹었어."

시실한은 말했다.

"난 예멤쿠트를 어떻게 할 수 없단 거야!"

그때 시실한은 문에 땅 끝 지하 왕국까지 닿는 구멍을 파고 위에 풀을 덮었다. 시실한은 다시 자신의 누이동생을 보냈다.

"가서, 예멤쿠트를 우리 집에 초대해!"

시림은 가서 말했다.

"예멤쿠트, 우리 집에 놀러 와."

"갈게."

예멤쿠트는 갔지만 구멍을 눈치채지 못하고 곧 구멍에 빠져 땅 밑으로 떨어졌다. 거기에는 좋은 사람들이 있었다. 그들은 그를 환대하고 후하게 대접했다. 그곳에는 좋은 아가씨들도 있었다. 그들은 내내 예멤쿠트에게 저기서 결혼하라고 했다.

"결혼하고 싶지 않아요." 예멤쿠트가 말하며 울었다.

마침내 시실한은 예멤쿠트의 아내를 자기 집으로 데리고 왔다. 아야노믈흐차흐는 가시가 돋친 가죽옷을 입었다. 시실한이 말했다.

"자자."

그들은 누웠다. 아야노믈흐차흐는 일부러 시실한을 안으려고 했다. 시실한은 신음 소리를 냈다.

"아이고, 너의 피부는 왜 이렇게 따가워?"

예멤쿠트의 아내는 더욱더 세게 그를 안았다. 시실한은 화를 내며 아야노믈흐차흐를 밀치며 말했다.

"네가 좋은 여자라고 생각했어!"

아야노믈흐차흐는 밖으로 나갔다. 그녀는 곧 구멍으로 떨어졌다. 거기서 그녀는 남편을 만났다. 예멤쿠트는 거기서 그 누구에게도 눈길도 주지 않았다.

"예멤쿠트, 나 왔어. 당신 아내야."

그는 아내를 보고 기뻐했으며 키스를 했다. 그들은 곧 집으로 돌아갔다. 예멤쿠트는 도중에 나이 든 곰을 두 마리 잡았다. 그들은 집에 도착했다. 시림이 바로 들어와서 그들을 맞이했다. 그들은 그녀를 보내며 말했다.

"가서 시실한을 이리 오라고 해."

시림은 가서 말했다.

"시실한, 예멤쿠트가 너를 불러."

"정말 그가 왔어?"

"그래, 왔어."

그들은 예멤쿠트에게 갔고 거대한 곰 두 마리를 보았다. 그들은 놀라서 소리쳤다.

"예멤쿠트, 무서워."

예멤쿠트는 화를 내며 시실한과 누이동생을 잡았으며 그들은 우는 소리를 했다.

"예멤쿠트, 우리를 놓아줘, 무서워."

예멤쿠트는 곰을 몰았고 그 곰들은 시실한과 누이동생을

영원히 숲으로 데리고 갔다. 예멤쿠트는 즐겁게 살았다.

메치흐치, 곰과 쿠트흐

옛날에 메치흐치가 살았다. 그는 생선 한 마리로 연명했다. 여름이 오면 그는 말린 생선을 준비했다. 말린 생선을 임시 천막 가득 걸어 놓고 겨울에 바늘꽃을 말리는 곡물 창고에서 잠을 잔다. 가을에 곰이 그에게 오는 버릇이 생겼다. 곰은 말린 생선을 먹어 댔다. 메치흐치는 그를 어떻게 해야 할까? 곰은 이미 말린 생선을 모두 먹어 치우고 살이 쪘다. 또 한 번 와서 말린 생선을 먹어 치우고 말했다.

"메치흐치, 난 말린 생선을 다 먹었어. 이제 너를 먹을 거야."

메치흐치가 말했다.

"난 너무 마르고 질겨."

"그러면 널 어떻게 먹지?"

"구워 먹는 게 좋아."

"그러면 구울게. 장작을 가져와야겠어." 곰이 말했다. "빨리 장작을 가지고 와, 난 누워 있을게. 왠지 피곤해. 너무 오래 걸리면 안 돼."

메치흐치는 숲으로 가서 울면서 이별의 노래를 불렀다. 그는 장작을 가지고 와 놓으며 곰에게 말했다.

"한 번 더 갔다 올게. 이걸로는 부족할 거야."

그는 다시 가서 이별의 노래를 불렀다.

"마지막으로 갔다 올게. 나를 곧 먹을 수 있을 거야."

쿠트흐는 그때 툰드라를 걸어 다니고 있었다. 그는 누군가가 이별의 노래를 부르는 걸 들었다. 그는 노래하는 목소리를 향해 곧바로 갔다.

"이봐, 메치흐치! 너 왜 구슬피 울고 그래?"

"쿠트흐, 난 마지막이야."

"왜 그래?"

"나는 곧 먹힐 운명이야. 난 이 장작을 나의 냄비를 위해 가지고 가는 거야. 나는 구워질 테니까."

"누가?"

"곰이."

"왜? 그만 울어. 이 장작들을 가지고 가. 모닥불을 조용히 피워. 서둘지 말고. 내가 금방 곤봉[15]를 만들 거야. 그런 다음 넌 날 우연히 본 것처럼 하고 곰에게 말해. '악마가 쿠트흐를 데리고 왔어!'라고 말이야. 마치 네가 나에게 화가 난 것처럼 말이야."

---

15) 이텔멘어로는 드리갈카(Дрыгалка)라고 하는데 이텔멘인과 코랴크인이 사냥, 방어와 습격 시에 사용했던 짧고 두꺼운 곤봉이다.

메치흐치는 집으로 갔다. 곰이 그에게 물었다.

"벌써 왔어?"

"왔어."

"그럼 모닥불을 피워!"

메치흐치는 앉아서 조용히 모닥불을 놓기 시작했다. 그러다 갑자기 소리쳤다.

"이런, 악마가 쿠트흐를 데리고 왔어."

곰이 바로 말했다.

"이봐, 나를 내주지 마. 몸을 웅크릴 거야."

곰은 몸을 웅크렸다. 쿠트흐가 왔다.

"안녕, 메치흐치!"

"안녕."

쿠트흐는 곰에게 다가갔다.

"여기 누워 있는 건 뭐야?"

"내 함지박[16]이야."

쿠트흐는 그를 살펴보기 시작했다.

"메치흐치, 왜 이 통은 털이 있어?"

---

16) 이 말은 셀리니차(Сельница)라고 하는데 캄차카 민족들이 톨쿠샤를 만들 때 사용하는 것으로 보통 나무로 특별 제작된 함지박이다. 이 함지박은 길쭉한 것과 둥근 것이 있다.

"가죽으로 둘러서 그래."

"메치호치! 왜 이 통은 다리가 있어?"

"내가 원해서 다리를 만들었어."

쿠트흐는 곰의 머리로 다가갔다.

"메치호치! 왜 이 통은 머리가 있어?"

"내가 머리를 만들었어."

쿠트흐는 정확하게 때리기 위해 곰 머리를 조준했다. 그러나 곰은 누워서 숨도 쉬지 않았다. 쿠트흐는 몽둥이를 잡고 조준했다. 곰의 머리를 퍽 하고 때렸다. 그는 움직이지도 않았다. 쿠트흐가 소리쳤다.

"메치호치, 살아 있는 배를 갈라, 그러지 않으면 살아날 거야."

그들은 분주히 뛰어다녔다. 곰의 내장을 꺼내 바로 끓이고 바로 구웠다. 쿠트흐가 말했다.

"메치호치, 이제 곰의 가죽으로 자루를 만들어 미티에게 고기를 가지고 가자."

"할아버지, 고기를 다 가지고 가요. 나를 살려 주셨잖아요."

그들은 미티에게 갔다. 입구로 올라갔다.

"미티, 가지고 온 걸 받아."

미티는 위로 튀어나왔다.

"어머, 쿠트흐, 고기 어디서 났어?"

"말하자면 길어." 쿠트흐가 말했다. "맛있는 거 해 줘. 메치흐치, 어디 가지 마, 나의 아들처럼 우리 집에서 살아."

이블리켈헨

옛날에 이블리켈헨이 자신의 천막집에서 살았다. 갑자기 암캐가 그에게 왔다.

"안녕, 할아버지!"

"안녕, 암캐야!"

"당신 집에서 하룻밤 묵으려고 왔어요."

"그렇게 해."

이블리켈헨은 혼잣말을 했다. "어쨌든 너를 먹을 거야." 그는 큰 소리로 말했다.

"암캐야, 저쪽에 누워, 난 이쪽에 누울 테니."

암캐가 말했다.

"할아버지, 옛날이야기 해 주세요."

"해 줄 테니, 듣기만 해."

이블리켈헨은 이야기하기 시작했다.

"몸뚱이, 몸뚱이, 온전한, 온전한, 머리의 뇌가 쑥쑥, 뇌의 뼈가 쑥쑥 자라나라, 더욱더 자라나라."

암캐는 누워서 구석을 팠고 구멍을 밖으로 만들려고 했다.

"암캐야! 뭘 긁고 있니?"

"겨드랑이를 긁고 있어요. 할아버지, 이야기하세요. 잘 듣고 있어요. 벌써 잠이 오네요."

이블리켈헨은 다시 이야기하기 시작했다.

"몸뚱이, 몸뚱이, 온전한, 온전한, 머리의 뇌가 쑥쑥, 신장과 간이 쑥쑥 자라나라, 더욱더 자라나라. 암캐야! 거기서 뭘 그렇게 긁는 거야?"

암캐는 구멍을 거의 다 팠다. 그리고 대답했다.

"할아버지, 다리 사이를 긁고 있어요. 이야기해 주세요. 벌써 한쪽 눈이 감기고 있어요. 더 이야기해 주세요. 완전히 잠들게요."

이블리켈헨은 바로 이야기를 시작했다.

"몸뚱이, 몸뚱이, 온전한, 온전한, 머리의 뇌가 쑥쑥, 부드러운 목, 달콤한 귀가 쑥쑥 자라나라, 잘 자라라, 실컷 먹게…. 암캐야!"

대답이 없다.

"이미 잠들었군. 이제 아주 맛있게 먹겠군!"

이블리켈헨은 일어나 암캐를 찾기 시작했고 암캐가 도망간 구멍을 발견했다. 이블리켈헨은 화를 냈다.

"암캐, 암캐, 너를 쫓아갈 거야. 산 채로 먹어 버릴 거야."

그는 암캐 뒤를 쫓아갔다. 암캐는 달리다가 갑자기 새를 만났다. 암캐는 새를 잡고 가죽을 뒤집어썼다. 그리고 바로 집을 만들었다. 자신이 들어앉아 마치 아이인 것처럼 새를 흔들었다.

이블리켈헨이 와서 물었다.

"암캐 못 봤니?"

"나의 아기가 아주 아파요, 제가 누구를 볼 수 있겠어요? 할아버지, 저의 집에서 하룻밤 묵으세요."

"좋아, 하룻밤 묵지."

그때 암캐가 말했다.

"주무세요. 전 아이와 앉아 있을 테니. 아이가 밤마다 계속 울어요."

암캐는 어떻게 도망갈지 생각했다. 밤이 되었다. 암캐는 이블리켈헨을 불렀다.

"할아버지, 주무세요?"

대답이 없었다. 잠이 들었던 것이다.

암캐는 어딘가에서 가죽을 발견하고 마치 별을 만드는 것처럼 계속 찔렀다. 이블리켈헨의 얼굴에 그것을 씌웠다. '이블리켈헨, 자.' 암캐는 도망갔다.

이블리켈헨은 아침이 올 때까지 잤다. 눈을 뜨니 눈앞에 어두운 하늘과 별이 있었다. '밤이 길군.' 그는 생각했다. '별이 어쩜 이렇게 총총하지!' 그는 다른 쪽으로 돌아누웠다. 그때 가죽이 그의 얼굴에서 떨어졌다. 그는 무슨 일인지 알았다.

"암캐, 네가 한 짓인지 내가 몰랐군. 이제 너를 쫓아갈 거야."

이블리켈헨은 달려서 암캐를 따라잡았다. 암캐는 그의 약을 올리기 시작했다.

"할아버지, 나의 다리를 보세요."

"너의 다리는 막대기 같군." 이블리켈헨이 대답했다.

"할아버지, 나의 콧구멍을 보세요."

"너의 콧구멍은 벽에 난 구멍 같군."

"할아버지, 나의 얼굴은 닦은 것처럼 매끈해요. 제 눈을 보세요."

"너의 얼굴은 연기에 그을린 가죽 조각 같고 눈은 칼로 잘려 나간 것처럼 작아. 어쨌든 난 널 먹을 거야."

"저를 보세요. 여성스럽죠."

"여성스럽다니, 넌 그저 암캐야."

이블리켈헨은 암캐를 계속 쫓았는데 바지가 다 찢어져서 잡을 수가 없었다. 그때 그가 말했다.

"집으로 가는 게 낫겠어. 바지를 수선해야지."

그는 와서 앉아 바지를 수선하려고 했다. 그때 쥐들이 와서 바로 그의 천막집 위를 돌아다니기 시작했다. 쥐들이 내내 창문 주위를 돌아다니자 그가 말했다. '왜 이렇게 어둡지? 빰 때문일 거야.' 그는 바로 빰을 잡아서 잘라 냈다. 피가 흘렸고 쥐들은 다시 굴러다녔다.

"아마 코 때문에 어두운 걸 거야."

그는 코를 잘랐다. 얼굴 전체가 아팠다.

이블리켈헨은 생각했다.

'밖에 나가서 저기에 무엇이 있는지 봐야겠어.'

그는 나가서 쥐들을 보고 쥐들에게 말했다.

"이제 너희는 나에게서 도망갈 수 없어."

그는 생생해져 집으로 들어가 바지를 자루처럼 묶고 밖으로 나와 말했다.

"이리로 굴러와!"

쥐들은 완강하게 가지 않으려고 했다. 어린 생쥐가 앞으로 나와 바지 속으로 떨어졌다.

이블리켈헨은 다시 말했다.

"빨리 굴러!"

모든 쥐들이 바지로 굴러 들어갔다.

"이제 고기를 삭혀야겠어."

이블리켈헨은 바지를 묶고 숲으로 갔다. 숲에 와서 곧게 뻗은 나무를 발견하고 나무에게 말했다.

"나무야, 나무야, 숙여! 나무야, 나무야, 숙여!"

나무가 고개를 숙였다. 그는 바지를 꼭대기에 매달고 말했다.

"나무야, 나무야, 허리를 펴."

나무는 허리를 폈다.

"이제 고기가 맛있게 삭을 거야. 그때 맛있게 먹는 거야."

이블리켈헨은 자신의 천막집으로 갔다. 그때 여우가 숲을 뛰어다니며 어디선가 불쌍한 목소리로 울어 대는 소리를 들었다. 쥐들이 위에서 큰 소리로 우는 것이었다. 여우는 둘러보다 쥐들을 발견하고 물었다.

"누가 너희를 매달았니?"

"이블리켈헨이 우리 고기를 삭히려고 매달았어요."

"그가 어떻게 너희를 매단 거야? 무슨 말을 했어?"

"그는 '나무야, 나무야, 숙여!'라고 했어요."

여우가 이 말을 하자 나무가 바로 숙였다. 여우는 쥐들을 풀어 주며 말했다.

"빨리 썩은 나뭇조각을 긁어 와."

쥐들은 썩은 나뭇조각을 긁어 왔고 바지 가득 채워 넣었다. 아래에 있었던 작은 생쥐는 이미 숨이 막혀 죽어서 제일 위에 썩게 두었다. 여우가 말했다.

"이제 그가 언제 너희를 매달았고 나무에게 뭐라고 했는지 나에게 말해 줘."

쥐들이 말했다.

"나무야, 나무야, 허리를 펴."

그들은 바지를 꼭대기에 매달았다. 여우는 말했다.

"이제 우리 집으로 가자. 통을 준비해서 열매 껍질을 긁어 와."

이블리켈헨은 집에 있으면서 말했다.

"가야겠다. 나의 맛있는 음식을 먹어야지."

그는 숲에 도착했다.

"나무야, 나무야, 숙여! 나무야, 나무야, 숙여!"

나무는 고개를 숙였다.

"이제 나의 잘 삭힌 맛있는 것을 먹어야겠다. 아주 맛있게 먹어야지."

이블리켈헨은 눈을 감고 손을 바지에 넣어서 생쥐를 꺼내서 먹었다.

"얼마나 맛있는지, 맛있게 먹어야지."

다시 손을 바지에 넣고 썩은 나뭇조각을 꺼내 입으로 가지고 갔다. 그는 화가 났다.

"여우가 못된 짓을 했군. 여우에게 가야겠어."

그는 여우에게 갔고 쥐들이 저 멀리서 그를 보고 말했다.

"이블리켈헨이 오고 있어."

여우가 말했다.

"나무껍질을 씹어!"

쥐들은 오리나무 껍질을 씹고 구유를 채웠다.

"이제 숨어."

이블리켈헨이 여우에게 와서 말했다.

"안녕, 여우야."

여우는 머리를 싸매고 누워 있었다.

"나의 음식을 네가 훔쳤지?" 이블리켈헨이 물었다.

"어머, 할아버지, 전 세 달째 앓고 있어요." 여우가 대답했다.

"어디가 아픈 거야?"

"영혼에서 피가 흐르고 있어요. 보세요, 통에 피가 가득하죠. 심지어 와서 버려 주는 사람도 없어요. 할아버지가 버려 주실래요?"

"좋아, 가서 버리고 올게. 정말 많이 아프구나. 이렇게 많은 피를 흘리다니."

그는 통을 들고 갔다. 여우가 그에게 말했다.

"뒤를 보시면 안 돼요. 저 산에서 버리세요."

이블리켈헨은 통을 들고 갔다. 그는 피곤해서 멈췄다. 뒤를 돌아보고 싶었지만 여우가 뒤를 보지 말라고 한 말을 떠올렸다. 그는 다시 걸었고 이미 산이 가까워졌다. 그는 매우 피곤했다. 멈춰서 돌아보고 싶었지만 다시 돌아보지 말라는 여우의 말을 떠올렸다. 여우는 그 뒤를 몰래 따라갔다. 이블리켈헨은 절벽 가까이에 와서 통을 붓기 시작했다. 여우는 그를 뒤에서 밀었고 이블리켈헨은 팽이처럼 굴렀다.

"여우야, 너를 잡고 말겠다."

그는 이제 어떤 여우를 잡을 수 있을까요? 머리, 팔, 조각 조각 날아가 버렸는데.

여우는 큰 소리로 웃었다. 웃은 다음 쥐들에게 와서 말했다.

"이제 집으로 가. 두려워할 것이 없어졌으니 암캐에게도 말해. 편안하게 살라고 말이야. 이블리켈헨은 죽었어."

이킴투와 이빌투

옛날에 이 땅에 두 명의 인간이 살았다. 한 사람의 이름은 이킴투(짧은 코라는 뜻)이고 다른 한 사람은 이빌투(긴 코라는 뜻)였다. 그때는 여름이었다. 가을이 오고 있었다. 그들은 어디에 살지? 그들은 자작나무 숲 근처에 작은 집을 짓기로 했다. 풀을 베고 통나무를 나르고 잔디밭을 파고 한 자리에 모든 것을 쌓고 오랜 고심 없이 작은 집을 지었다. 그러나 가을은 더욱더 가까워졌고 갑자기 날씨가 나빠졌다. 하늘은 보이지 않았고 태양도 완전히 사라졌으며 땅 가까이에 먹구름이 걸려 있었다. 갑자기 비가 시작되었다. 엄청나게 퍼부어 댔다! 그들은 내내 문을 열고 밖을 보았다. 비가 계속해서 내리니 무엇을 할 수 있겠어? 그때 이빌투가 이킴투에게 말했다.

"이봐, 이킴투, 내가 생각한 게 있는데."

"말해, 무슨 생각을 했는지."

"내가 하늘로 올라갈게. 먹구름을 발로 차 버릴 수 있을 거야. 너는 집에 남아서 뭔가 먹을 것을 끓여, 저기서 하룻밤을 묵지 않고 내려올게."

이빌투는 밖으로 나가 자기 주변을 한 번 돌더니 하늘로 올라갔다. 하늘로 올라가자마자 곧 먹구름을 발로 차 버렸다. 이빌투가 차도, 차도 어두웠고 밤이 왔다. 아직 동이 트지 않았는데 그는 땅으로 내려왔다. 친구는 그를 맞이하면서 물었다.

"이빌투, 넌 뭘 했어?"

"이킴투, 난 그것들을 차서 걷어 낼 수가 없었어. 지쳤어. 먹을 것과 차를 줘!"

그때 이킴투가 이빌투에게 말했다.

"너는 이빌투고 난 이킴투야. 내가 하늘에 올라갈게. 어떻게든 먹구름을 흩어 놓아 볼게."

이빌투가 말했다.

"이킴투, 네가! 정말 네가 할 수 있을까? 이빌투인 나도 못 한 거야."

"어쨌든 내가 해 볼게. 나 올라간다."

이킴투는 채비를 하고 털외투를 입고 풀을 허리에 두르고 말했다.

"그럼 갔다 올게."

문을 열고 자기 주위를 돌더니 팽이처럼 뱅뱅 돌았다. 마치 누군가가 그를 위로, 하늘로 올리는 것 같았다. 그는 하늘에 다다라 한 번 먹구름을 밀었고 곧 구멍이 만들어졌다. 또 두세 번 정도 밀었다. 먹구름이 갑자기 아래로 내려가기 시작했다. 그때 바람이 불었고 먹구름은 오래 생각하지 않고 흩어졌다. 먹구름이 뭘 할 수 있었겠어? 이킴투는 땅으로 내려왔다. 집에 다가가 친구에게 말했다.

"문을 열어! 밖을 봐. 밖이 매우 아름답게 됐잖아. 태양이 빛나고 있어. 밖으로 나와. 풀 위를 뒹굴어 봐. 새가 노래하는 걸 들어 봐. 종달새가 노래하는 소리가 들리지? 이제 편안하게 살자."

암캐와 케쿠켐탈한

옛날에 암캐 엘트헤헤나이가 살았다. 암캐의 가족은 대가족이었다. 아이들이 그녀에게 부탁했다.

"엄마, 옛날이야기 해 주세요."

"하고 싶지 않아. 난 싫증났어. 할머니 이블리켈헨에게 부탁해. 할머니가 너희에게 옛이야기를 들려주실 거야."

그들은 할머니를 불렀고 할머니가 왔다. 할머니 이블리켈헨은 이야기하기 시작했다.

"나는 뇌, 신장, 골수, 폐를 많이 찾을 거야. 난 잘 먹거든."

할머니는 건성으로 옛이야기를 했고 그들 모두를 먹고 싶은 눈치였다. 암캐는 아이들과 함께 좋지 않은 일을 예감했다. 이블리켈헨은 옛날이야기를 제대로 하지 않았다. 엘트헤헤나이는 놀라서 밖으로 나갈 구멍을 파기 시작했다. 이블리켈헨은 소리를 듣고 물었다.

"누군가가 땅을 긁는 소리가 나는 것 같은데 뭘 파는 거야?"

"아니요. 제가 다리 사이를 긁은 거예요."

할머니가 말했다.

"아, 네가 긁은 거구나. 난 네가 땅을 판다고 생각했어."

다시 할머니는 노래를 했다.

"나는 뇌, 신장, 폐, 골수를 많이 찾을 거야. 노래를 잘하거든."

그런 다음 물었다.

"옐트헤헤나이, 너 벌써 자니?"

"아뇨, 아직 안 자요. 한쪽 눈은 감겨요."

다시 할머니는 노래한 다음 물었다.

"옐트헤헤나이, 너 자니?"

"아뇨, 아직요. 그렇지만 이미 두 눈이 감기고 있어요."

마침내 옐트헤헤나이는 밖으로 난 구멍을 다 만들었다. 그녀는 아이들을 조용히 밀어냈다. 어린 암캐 한 마리가 구멍을 기어나가려고 하지 않아서 소리 질렀다.

"구멍으로 기어나가고 싶지 않아."

할머니 이블리켈헨은 이 소리를 듣고 말했다.

"누가 구멍으로 기어나가고 싶지 않다는 거야?"

옐트헤헤나이가 말했다.

"아이가 언니에게 담요 밑으로 발을 집어넣어서 기어나가고 싶지 않다는 거예요."

갑자기 이블리켈헨은 구멍에서 빛이 들어오는 것을 보았다.

"무슨 빛이지?"

엘트헤헤나이가 말했다.

"달빛이 구멍을 통해 들어오는 거예요. 구름으로 가려져 있어요."

암캐는 아이들을 모두 밖으로 끌고 갔다. 어린아이를 숨겼다. 자신도 밖으로 나갔다. 이블리켈헨은 물었다.

"너 자니?"

그 누구도 대답하지 않았다. 할머니가 말했다.

"깊이 잠이 들었나 보군. 이제 실컷 먹어야지."

할머니는 혀를 내밀고 주위를 더듬으며 구멍으로 혀를 넣었다. 할머니는 엘트헤헤나이가 도망갔다는 것을 알았다. 할머니가 말했다.

'만약 내가 알았다면 너를 그 자리에서 모든 식구와 함께 먹어 버리는 건데.'

할머니는 쫓아갔다. 어린 암캐는 소리쳤다.

"저 여기 있어요. 엄마가 나를 언덕에 숨겼어요."

이블리켈헨은 암캐의 소리를 듣고 바로 돌아갔다. 그녀는 찾기 시작했지만 찾을 수 없었다.

할머니가 말했다.

"아가야, 나에게 오렴."

"저를 먹을 거잖아요."

"아냐, 먹지 않아. 너를 잘 보살펴 줄 거야."

암캐는 할머니에게 갔다. 그들은 집으로 갔다. 암캐는 할머니 곁에서 잘 지냈다. 할머니는 매우 부유했다. 온갖 짐승들이 그녀의 집에 있었다. 그녀는 자루에 짐승들을 채웠다. 그 누구도 그녀의 땅에서 살아서 나가지 못했다. 그녀의 집에는 온갖 바다짐승도 있었고 짐승들로 집이 가득했다. 이블리켈헨은 암캐에게 가르쳤다.

"집 안에서 본 것은 모두 건드려서는 안 돼. 실컷 먹고 무서워 마. 네가 먹고 싶은 것은 당연히 먹어도 돼."

할머니 이블리켈헨은 열매를 따러 다녔고 암캐를 집에 남겨 두었다. 그녀가 가면 암캐는 주위를 뛰어다녔고 여러 가지를 경험해 보았다. 멀리 달려가고 다시 달려서 돌아왔다.

할머니가 와서 물었다.

"아무것도 건드리지 않았지?"

"네, 아무것도 건드리지 않았어요."

할머니는 다시 열매를 따러 갔고 멀리 갔다. 암캐는 성장했고 큰 암캐가 되었다.

할머니가 나가자마자 암캐가 말했다.

"할머니는 왜 자루를 건드리지 말라는 거지? 거기에 뭐가 있는지 봐야지."

암캐가 자루를 풀자 거위가 나와서 날아가 버렸다. 다른 자루를 풀자 온갖 짐승들이 나왔다. 지상과 바다의 짐승들이. 암캐 자신도 도망갔다. 거위들이 할머니가 있는 그곳으로 곧장 날아갔다.

할머니가 거위를 보고 말했다.

"내가 자루에 넣지 않았구나."

그런 다음 할머니는 순록 떼가 달려가는 것을 보았다. 할머니는 순록의 뿔에 자신의 광주리가 있는 것을 보고 무슨 일이 일어났는지 알았다. 할머니가 말했다.

"이런, 암캐가 나의 모든 짐승들을 놓아주었군."

할머니는 화가 나서 곧장 집으로 갔다. 보니 짐승들이 집을 망가뜨렸다. 할머니는 즉시 암캐를 쫓아갔다. 암캐는 할머니가 그녀를 쫓아오고 있다는 것을 느꼈다. 암캐가 족제비 새끼를 잡아 발뒤꿈치로 땅 주위에 선을 그으니 바로 집이 생겼다. 암캐는 집에 들어앉았고 아이는 대성통곡을 하며 울었다. 할머니가 와서 물었다.

"암캐가 달려가는 것을 보지 못했나요?"

"아뇨, 아무도 보지 못했어요. 아이가 너무 심하게 울어서요. 전 밖에 나간 적이 없어요. 제가 아이를 어떻게 남겨두겠어요? 이 아이의 아버지는 사냥 갔거든요."

암캐가 또 말했다.

"할머니, 우리 집에서 하룻밤 묵고 가세요."

할머니가 말했다.

"좋아요. 당신 집에서 하룻밤 묵고 갈게요."

그들은 잠자리에 누웠다. 암캐가 말했다.

"할머니, 옷을 다 벗으세요. 편히 주무시고 쉬세요."

할머니는 잠이 들었다. 암캐는 일어나서 할머니의 모자를 찾기 시작했다. 암캐는 찾아서 그 모자의 바닥을 찢고 하늘, 별을 만들었다. 큰곰자리, 플레이아데스 자리, 오리온자리를 만들었다. 할머니는 바로 누워 잤다. 암캐는 그녀의 얼굴에 모자를 씌우고 자신은 새벽에 도망갔다. 암캐는 강에 도착해서 소리쳤다.

"뻐꾹새 케쿠켐탈한, 나를 실어서 저쪽으로 날라 줘."

케쿠켐탈한은 그녀를 건너게 해 주었으며 바로 그녀와 결혼했다. 할머니는 3일 낮과 밤 동안 잤다. 할머니는 얼굴을 만지고 무슨 일이 일어났는지 알았다. 할머니는 일어나 말했다.

"암캐, 다시 고것이 나를 속였군. 난 정말 다른 누군가라고 생각했어."

할머니는 다시 암캐를 쫓았다. 강에 도착해서 소리쳤다.

"케쿠켐탈한, 나를 실어서 건네줘."

암캐는 남편에게 어떻게 대답할지 가르쳤다.

"할머니에게 '배가 없어요!'라고 말해."

할머니가 말했다.

"암캐는 저기에 어떻게 갔어?"

암캐는 다시 남편에게 가르쳐 주었다.

"할머니에게 '암캐는 강물을 다 마셔 버렸어요'라고 말해."

케쿠켐탈한은 소리쳤다.

"할머니, 암캐는 강물을 다 마셨어요."

할머니는 물을 마시기 시작했다. 토하고 다시 마셨다. 물을 다 마셨다. 그때 할머니의 배가 부풀어 올랐다. 그녀는 죽었고 흐름을 따라 아래로 떠내려갔다. 암캐는 잘 살았다.

쥐와 까마귀

어느 날 쥐가 바다에 낚시를 하러 갔다. 쥐는 물범을 잡아서 바로 집으로 끌고 갔다. 까마귀가 순간 쥐를 알아보고 물었다.

"너 뭘 가지고 가니?"

쥐가 대답했다.

"나무를 가지고 가."

까마귀는 다시 말했다.

"아냐, 이건 나무가 아냐. 봐, 머리가 흔들리고 있잖아."

"그건 나무옹이야."

그때 까마귀는 화를 내며 물범을 가로채서 물범을 조각내서 자신의 집으로 끌고 갔다.

쥐는 울면서 집으로 갔다. 아이들은 쥐를 위로하며 애교를 부렸다.

"무슨 일이에요?"

쥐는 까마귀가 그녀의 것을 가져간 것을 말했다. 그때 쥐들이 소리 질렀다.

"밤에 우리 모두 도로 끌고 와요."

까마귀는 물범 전부를 찢어서 조금 얼리기 위해 밖으로

가지고 나갔다. 밤이 왔다. 쥐들은 고기를 모두 자기 집으로 다시 끌고 왔다.

다음 날 까마귀가 일어나서 보니 고기가 없는 게 아닌가. 그때 까마귀는 화를 내며 쥐에게 가면서 '다 죽여 버려야지' 라고 생각했다.

가까이에 갔고 쥐들은 기뻐서 소리 질렀다.

"할아버지, 할아버지, 할아버지! 식용 뿌리를 대접하자, 나물을 끓이자."

까마귀는 기뻐하며 쥐들을 칭찬했다.

그런 다음 까마귀는 먹고 곧 잠이 들었다. 그때 쥐들은 붉은 천 조각을 그의 눈썹에 꿰맸다.

까마귀는 일어나 집으로 갔다. 그의 아들이 마주 오고 있었다. 까마귀에게는 그의 아들에게 불이 붙은 것 같이 보였다. 그는 아들을 잡고 벽에 두드리기 시작했다. 그렇게 자신의 아들을 죽였다.

그때 아내가 나와서 까마귀의 눈썹에 붉은 천 조각이 붙어 있는 것을 알아채고 뜯어냈다. 까마귀가 소리쳤다.

"까옥, 까옥, 까옥!"

아내가 뜯어내자 까마귀는 다시 쥐들에게 갔다. 쥐들이 다시 기뻐했다.

"할아버지, 할아버지, 할아버지! 식용 뿌리 먹어요. 나물을 끓여요."

다시 까마귀는 실컷 먹고 다시 곧 잠이 들었다.

그때 쥐들이 그의 얼굴에 그림을 그렸다. 까마귀는 일어났고 쥐들이 말했다.

"곧장 물에 가 보세요."

까마귀는 물로 가서 물에 비친 자신의 모습을 보고 반했다. 물속에 이렇게 아름다운 여자가 살다니! 까마귀는 집으로 와서 아내에게 말했다.

"난 당신이 필요 없어. 당신보다 훨씬 아름다운 아내를 찾았어."

까마귀는 곧 자신의 털외투, 가죽 장화, 가죽 바지, 장갑을 들고 강으로 갔다. 그는 강에 자신의 털외투와 장화를 던지고 다음에 물로 뛰어들어 쿠트흐처럼 물에 가라앉았다.

기러기

옛날에 기러기들이 살았다. 기러기들은 따뜻한 지역에서 멀리 날아왔다. 기러기들은 봄에 날아왔는데 툰드라 지역에는 아직 눈이 있었지만 한가운데는 이미 녹았을 때였다. 기러기들은 둥지를 만들기 시작했다. 엄마 기러기는 몇 개의 알을 낳았다. 그런 다음 새끼들이 옮겨졌다. 엄마 기러기들은 새끼들을 먹이고 키웠다. 새끼들은 빨리 성장했다. 엄마 기러기는 새끼들에게 나는 법을 가르쳤다. 한 새끼는 아무리 해도 날지 못했고 날개가 자라지 않았다. 엄마와 아빠 기러기는 생각했다. 이미 추위가 시작되었지만 그 새끼의 날개는 다 자라지 않았다. 그들은 오랫동안 생각했다. 어쩌면 좋지? 좋은 생각이 떠오르지 않았다. 그들은 툰드라에 새끼 홀로 남겨 놓기로 했다.

이미 풀은 마르고 시들었으며 나무에서 마른 잎이 떨어지고 있었다. 기러기들은 먼 길을 갈 채비를 했다. 날아갈 준비를 했다. 한 마리의 기러기 새끼만 한쪽에 앉아서 엄마와 형제들을 보고 있었다.

“여기 남아 있어. 너에게는 날개가 없잖니. 우리는 날아가야 할 시간이야. 내일 해가 뜨기 전에 날아갈 거야.”

기러기들이 밤에 일어나 날개를 치며 날아갔다. 다만 한 마리의 새끼 기러기만 홀로 호수 한가운데 남았다. 앉아서 흐느꼈다.

"난 기러기야, 날개 없는 기러기야! 난 너무 추워, 난 너무 추워."

기러기들은 모두 더 멀리 날아갔다. 엄마 기러기는 새끼가 우는 소리를 들으며 말했다.

"나의 새끼가 너무 아름답게 울고 있어요. 마음이 아파요. 돌아갑시다!"

그들은 돌아갔다. 새끼 기러기는 날아오는 기러기들을 보고 매우 기뻐했다. 그들은 자기 새끼 기러기들과 밤을 보내고 새끼 기러기를 타일렀다.

"울지 마! 우리도 너와 함께 얼어 죽어야겠니? 우리가 너와 무엇을 할 수 있겠니?"

그들은 동트기 전에 일어나 다시 날아갔다. 다시 새끼 기러기는 호수 가운데에 홀로 남았다. 새끼 기러기는 앉아서 울었다.

"나는 새끼 기러기, 날개 없는 기러기! 난 너무 추워, 얼어 죽을 것 같아!"

이미 기러기들은 모습을 감췄지만 엄마 기러기는 아기가 울고 있는 소리를 들었다.

"불쌍한 것! 돌아갑시다. 모두 함께 얼어 죽는 편이 낫겠어요."

남편이 설득했다.

"무슨 짓이야? 정말 그 아이 때문에 얼어 죽자는 거야? 그 아이는 그렇게 태어난 거야."

그들은 다시 새끼 기러기에게로 돌아갔다. 새끼 기러기는 엄마와 아빠를 보았고 매우 기뻐했다. 그때 이미 그들은 힘이 약해졌다. 새끼 기러기는 엄마에게 다가가 말했다.

"왜 저 때문에 돌아오셨어요? 나 혼자 죽게 내버려 둬요."

아이 혼자 남겨 두는 일은 너무 마음 아픈 일이었다. 엄마는 결심했다. '시나네브트와 예멤쿠트에게 가서 새끼 기러기를 그들의 아이로 받아 달라고 부탁해 보자.'

예멤쿠트에게 가서 말했다.

"우리가 왔어요. 추워지는데 우리는 날아갈 수가 없어요."

"무엇 때문에 갈 수 없다는 거예요?"

"우리 아이가 여기 남게 되는데 날개가 없어서 울어요. 그 아이를 받아 주세요."

예멤쿠트는 새끼 기러기를 받기로 했다.

"받아들일게요. 언제 떠나세요?"

"밤에 동트기 전에 떠날 겁니다."

그들은 새끼 기러기에게로 가서 말했다.

"내일 예멤쿠트가 너에게 올 거야. 그에게로 가. 그는 너를 키워 줄 거야. 다른 누군가가 온다고 따라가서는 안 돼. 우리는 내일 떠날 거야. 울어도 돌아오지 않을 거야."

기러기들은 떠났다. 새끼 기러기는 다시 호수 위에서 울었지만 호수는 이미 얼음으로 뒤덮였다. 새끼 기러기는 얼어 가면서 울었다.

"나는 새끼 기러기, 날개 없는 기러기! 너무 추워, 얼어 죽을 거야."

"우리 불쌍한 아기가 남았어. 추워서 얼어 버릴 거야." 엄마가 말했다.

기러기들은 아주 멀리 날아갔지만 그들의 아이가 우는 소리는 전부 들렸다. 그러나 돌아가지 않았다.

여우가 굴에서 나와 누군가가 우는 소리를 들었다.

"누구지? 어디서 이렇게 큰 소리로 우는 거지?"

여우는 굴에서 달려 나와 호수 위에 앉아 있는 어린 새에게로 다가갔다.

"너 거기서 뭐 하니? 나에게로 오렴. 내 아기가 되는 거야."

그러나 새끼 기러기는 대답했다.

"안 돼, 난 너에게 가지 않을 거야. 넌 날 먹을 거잖아."

"안 먹어."

"아냐, 먹을 거야."

여우는 화를 내고 새끼 기러기를 쫓아가 잡으려고 했다. 여우는 잡을 수가 없었다. 너무 피곤했기 때문이다. 여우는 쉬면서 호수 물을 마셨다.

"이제 호수 물을 다 마시고 너를 먹겠다."

여우는 계속 물을 마셨지만 다 마실 수가 없었고 배만 불러 왔다. 여우는 곧 죽었다.

예멤쿠트가 호수로 와서 새끼 기러기를 위한 자작나무 바구니를 물속으로 던졌다.

"여기 타고 나에게로 와."

새끼 기러기는 타고 그에게로 갔다. 예멤쿠트는 새끼 기러기를 집으로 데리고 갔으며 거기서 그 새끼를 먹이고 몸을 데워 주었다.

그날부터 새끼 기러기의 날개를 어떻게 만들어 줄지 고민하기 시작했다. 시나네브트는 손재주가 좋았다. 그녀는 풀로 빗자루를 만들었다. 봄이 다가오고 있었다. 곧 기러기들이 날아올 것이다. 그들은 반드시 돌아올 것이다. 시나네브트는 새끼 기러기에게 날개를 만들어 주었다. 그녀는 날개를 입히고 날게 했다. 새끼 기러기는 지붕까지 날았고 더 이상은 날 수 없었다.

"풀로 만든 날개로 어떻게 날지? 매우 높이 그리고 멀리 날 수는 없어."

다시 시나네브트는 손으로 만들기 시작했다. 다른 날개를 엮었다.

밖에는 이미 눈이 녹았다. 종달새와 오리들이 날아왔지만 모든 날개들이 준비되지는 않았다. 마침내 시나네브트는 다른 날개를 만들었다. 그 날개를 새끼 기러기에게 입혔다.

"이제 날아 봐, 부모를 만나."

새끼 기러기는 날아서 기러기 떼에 다가가 물었다.

"저의 부모님은 언제 오세요?"

"그들은 뒤에 날아오고 있어. 내일이면 도착할 거야."

새끼 기러기는 집으로 돌아가서 매우 기뻐하며 말했다.

"내일 엄마, 아빠가 올 거야."

다음 날 새끼 기러기는 동이 틀 무렵 일어났다. 새 날개를 입었다. 새끼 기러기는 엄마가 부르는 소리에 날아갔다. 새끼 기러기는 무리로 다가가 부모를 보고 기뻐했다. 그들은 자신의 아이를 처음에 알아보지 못했지만 그 후 물었다.

"어떻게 살아 있었어? 우리는 네가 이미 죽었다고 생각했어."

기러기는 시나네브트와 예멤쿠트가 얼마나 고마운지, 어떤 선물을 해야 할지 생각했다. 그들은 가장 기름진 기러기를 잡아야겠다고 생각했다. 그리고 예멤쿠트의 집으로 날아갔다. 문이 열려 있었다. 그들이 집으로 다가가 소리치고 집 안으로 들어갔다. 시나네브트와 예멤쿠트는 기러기들을 보고 매우 기뻐했다. 기러기들은 그들에게 선물을 주고 말했다.

"이건 당신들 것이에요. 새끼 기러기, 우리 아이를 도와준 대가예요."

그러나 시나네브트와 예멤쿠트는 말했다.

"우리는 새끼 기러기를 받지 않을 거예요. 새끼 기러기는 당신들과 살게 될 겁니다. 그 아이는 부모와 살길 원해요."

기러기들은 날아갔다. 새끼 기러기도 그들과 함께 날아갔다.

그들은 여기서 여름을 났다. 새끼 기러기는 모두와 함께 살았고 아직 살아 있다. 봄에 우리 위로 날아갈 것이다.

안가카 시시케

옛날에 기러기들이 호수에서 여름을 났다. 가을이 다가와 길을 떠날 채비를 시작했지만 한 마리는 날 수 없었다. 모든 기러기들이 날아갈 채비를 했지만 부모가 그에게 물었다.

"안가카 시시케야, 불쌍한 것, 날개가 없어서 넌 어떻게 살 거니?"

기러기들이 날아가고 안가카 시시케 혼자 남아서 노래를 불렀다.

"안가카 시시케! 커다란 기러기들은 모두 날아가 버렸지만 난 날개가 없다네!"

부모가 그가 노래하는 걸 듣고 돌아왔다. 안가카 시시케는 말했다.

"날아가세요, 저를 불쌍하게 여기지 마세요."

엄마는 그에게 지시했다.

"남게 되면 화려한 털외투가 올 것이다. 그 털외투에게는 가지 마. 밝은 털외투가 올 거야, 바로 그 털외투에게로 가!"

기러기들은 날아가고 안가카 시시케는 홀로 호수에 남았다. 여우가 와서 불렀다.

"나한테 와, 난 네가 있을 곳을 줄 거야."

기러기는 여우의 말을 듣지 않고 가지 않았다. 여우는 화를 내며 말했다.

"너를 잡아먹을 거야."

그러나 여우는 떠났다. 호수가 얼어붙기 시작해 안가카 시시케는 무서워졌다. '여우가 와서 나를 잡아먹을 거야.'

그때 시나네브트가 물을 가지러 호수로 와서 물었다.

"왜 넌 날아가지 않니?"

안가카 시시케가 울면서 말했다.

"난 날개가 없어요. 부모님은 날아가 버리고 저만 남았어요. 여우가 나를 자기한테 오라고 불러요. 그렇지만 전 가지 않았어요. 여우는 저를 잡아먹으려고 해요."

시나네브트는 말했다.

"우리 집에 가자. 내가 네가 있을 곳을 줄게."

안가카 시시케는 동의하고 갔다. 시나네브트는 안가카 시시케를 매우 잘 돌봐 주었다. 몸을 따뜻하게 해 주고 맛있는 것만 먹여 주었다.

봄이 가까웠다. 시나네브트는 새끼 기러기에게 좋은 날개를 만들어 주고 그 날개를 입히며 말했다. '날아 봐!' 새끼 기러기는 날아갔다 돌아왔다. 시나네브트가 물었다.

"날개가 어때?"

"다른 기러기들처럼 곧 날 수 있을 거예요."

시나네브트는 그에게 다른 날개도 주었다. 안가카 시시케는 그 날개들을 입고 잘 날아다녔다. 안가카 시시케는 기러기 떼를 만나서 그들에게 물었다.

"제 부모님을 보았어요?"

"그들은 뒤에서 날고 있어."

안가카 시시케는 부모를 만나러 날아갔고 매우 기뻐했다. 부모도 그를 보고 그가 어떻게 살았는지 묻기 시작했다. 그때 새끼 기러기는 그들에게 모든 것을 말해 주었다. 시나네브트가 어떻게 그에게 있을 곳을 마련해 주었는지, 어떻게 날개를 만들어 주었는지 모두 말했다. 기러기들은 매우 기뻐했고 시나네브트에게 가서 산해진미를 대접했다. 많은 음식들을 가지고 와서 모두 시나네브트에게 주었다.

안가카 시시케는 부모와 남아서 매우 잘 살았다.

해 설

이텔멘 설화

'틸발'과 관련된 이야기가 세 편이 나온다. '틸발'은 이텔멘인 용사로서 타민족과 싸우는 장면이 나온다. <틸발 전설>에는 코랴크인이 틸발과 겨루기 위해 온다. 이런 장면은 고대에 각 민족이 여러 이유로 싸움을 벌였고 틸발은 이웃과의 전쟁에서 이텔멘을 지켰던 용사를 대표한다. 그가 쓰는 무기는 이텔멘인이 주로 사용했던 활과 돌촉 화살이며 그는 힘, 용기, 인내심, 민첩함을 겸비한 이텔멘이 자랑하는 용사다. 틸발에 관한 이야기를 살펴보면 이텔멘인이 중요하게 여기는 정신적인 면을 알 수 있다. 틸발의 누이동생은 코랴크인과 떠나면서 틸발을 배신한다. 그런 틸발은 적인 코랴크인은 물론이고 배신한 누이동생도 용서하지 않고 처절한 복수를 한다. 이는 틸발의 개인적인 복수이기도 하지만 민족을 배신한 누이동생을 용서하지 않는 애국심도 드러나는 부분이다.

틸발 외에 이텔멘의 설화에 자주 등장하는 존재는 이텔

멘의 창조주이자 종족의 시조이며 문화영웅인 큰 까마귀 쿠트흐다. 까마귀를 신격화하는 것은 각각 지칭하는 명칭이 다를 뿐 이웃한 코랴크인, 축치인, 에스키모인 그리고 먼 곳에 있는 북아메리카 서안의 인디언에 이르기까지 공통된 현상이다. 고아시아족에게서 멀리 떨어진 북아메리카 인디언과 고아시아족인 코랴크, 축치, 이텔멘, 에스키모의 문화적 유사성은 대륙이 분리되기 전에 북아메리카 인디언이 이 지역에 거주했음을 입증한다. 쿠트흐의 부인으로 나오는 미티는 바다의 신으로 흰 고래의 형상을 한다. 아무래도 고아시아족은 바다와 인접해 있어서 예부터 어로를 생업으로 삼다 보니 바다 생물과 관련된 신이 중요했다. 미티 외에 자녀로는 대표적으로 예멤쿠트, 시나네브트 등이 나온다.

그러나 쿠트흐는 신화적인 존재이지만 설화에서 그 누구보다 멍청하고 우스운 존재로 나오거나 잔머리를 굴리고 남을 속이고 골탕 먹이는 것을 좋아하는 나쁜 캐릭터로 나온다. 이는 세계 설화에서 종종 나타나는 현상이다. 즉 신화적인 존재에서 신성성이 제거되면서 신화와 전설과는 달리 민담에서 이런 신성시되던 존재들이 우스꽝스러운 존재로 나오거나 게으르거나 꾀를 잘 부려 남을 속이는 나쁜 캐릭터로 나오는 자연스러운 현상이 나타난다. 이는 신화적인 존재들이 세속화되는 과정에서 등장한다. 이텔멘인의 설화에서 쿠트흐가 세속화되면서 일반 사람들보다 못한 존재로 등장하는 이유 중의 하나는 이텔멘인의 현실적인 불만을 반영한다. 즉 쿠트흐가 영리하고 사려 깊은 존재였다면 세상을 지금보다 훨씬 더 잘 만들었을 것이고 혹심한 추위와 눈보라도 만들지 않았을 것인데, 멍청해서 이텔멘인 우리가 이렇게 고생하고 있다는 현실을 쿠트흐의 탓으로 돌리면서 카타르시스를 느끼는 것이다.

이텔멘 설화에는 쿠트흐와 그와 관련된 존재들 외에도 여러 초자연적인 존재들이 등장한다. <예멤쿠트, 마로클나브트와 거위들>에서 등장하는 카만흐나브트는 악한 도마뱀으로 노파의 모습을 하고 있으며 이텔멘 민담에서 악한 존재로 등장한다. 이 이야기에서는 마법, 변형, 여성과 새의 교혼이 혼재되어 나타난다. 해악을 끼치는 카만흐나브트 할머니는 여기서 에스키모와 추콧카 지역의 이야기에 등장하는 신화적인 나쁜 사기꾼을 연상시킨다. 이 인물은 작은 노파의 형상으로 긍정적인 주인공의 적대자인 셈이다.

많은 등장인물이 나오지만 대부분은 쿠트흐와 관련된 인물이고 결혼과 이류교혼, 그리고 좋은 아내와 나쁜 아내의 대립이 내용의 주를 이룬다. 설화에서 결혼은 중요한 이야기 소재다. 결혼은 각 부족의 토템을 보여 주며 부족 간의 결합, 그리고 샤먼과 신의 결합을 은유적으로 보여 주는 요소다. 또한 인간의 삶에서 중요한 통과의례로 성인이 되고 사회의 구성원으로 입문하는 과정을 보여 주기 때문에 민담에서 중요한 소재로 사용된다. 특히 모계사회에서 부계사회로 넘어가면서 여성이 갖춰야 할 자세에 관한 교훈적인 내용을 넣는다. 좋은 아내와 나쁜 아내의 대립은 이를 잘 보여 준다.

설화는 환상적인 이야기를 소재로 하고 논리적으로 구성되어 있지 않지만 그 속에는 민족의 애환과 역사, 세계관, 정신, 삶과 문화가 녹아 있다. 물론 세월이 지나면서 설화는 소멸되기도 하고 다른 민족의 이야기가 덧붙여지면서 이야기가 변질되기도 한다. 그럼에도 설화는 한 민족의 숨겨진 역사를 읽을 수 있는 좋은 자료다. 이텔멘의 설화 역시 이텔멘인의 삶과 문화, 정신세계를 볼 수 있는 중요한 자료인 것이다. 또한 한반도와 멀지 않고 유사한 문화를 지니고 있는 이텔멘이 우리와 맺고 있는 연관성을 살펴볼 자료가 될 수 있다.

이텔멘의 기원과 삶

이텔멘이라는 말의 의미는 '이곳에 사는 사람'이다. 이텔멘인을 캄차달(Камчадал)인이라고 부르기도 했는데 이는 러시아인이 이텔멘인 거주 지역으로 이주하면서 이텔멘인과 러시아인의 혼혈을 가리키는 명칭으로 사용되기도 한다. 이는 러시아인이 이텔멘인 거주 지역으로 들어오면서 유혈 사태도 있었지만 쉽게 러시아인과 더불어 살게 되었음을 입증한다.

이텔멘어는 고아시아어족 추콧카-캄차카어 그룹에 속하며 현재 소수만 사용하는 언어로서 소멸 위기에 놓여 있다. 이텔멘어를 유지하고자 하는 노력은 최근 들어 이행되고 있는데 이텔멘어 복원을 위해 1988년에 이텔멘어 문자와 교재를 만들었고, 1990년대 초부터 이텔멘인 밀집 거주 지역의 초급학교 1～4학년에서 이텔멘어 수업을 하고 있다. 그럼에도 사라져 가는 언어인 이텔멘어를 구사할 수 있는 교사를 구하는 일은 쉽지 않다.

이텔멘인은 현재 캄차카반도 서부 해안, 마가단주, 코랴크 자치구와 추콧카 자치구에 분포되어 있다. 현재 이텔멘인이 가장 많이 모여 사는 곳은 코랴크 자치구의 티길 행정구 내 코브란, 팔라나, 티길, 하이류조보, 우스트-하이류조보 등 다섯 개 마을이다. 이텔멘인의 조상은 약 5000년 전부터 캄차카반도에 거주했던 것으로 추정된다.

이텔멘인은 수렵과 어업을 생업으로 했으며 후에는 채집 문화도 발달했다. 특히 어업은 이텔멘인의 주요 생업으로서 생선은 전통적인 주식이었다. 생선은 보통 삶거나 굽거나 훈제해 먹었으며 유콜라(юкола)라는 말린 생선을 즐겨 먹었다. 특히 나무통에 뜨겁게 달군 돌을 넣어 음식을 익혀 먹었는데 이는 이텔멘인만의 독특한 요리 방법이었다. 유콜라와 톨쿠샤는 여기에 수록된 민담에서도 자주 등장하는 음식이며 그와 더불어 다양한 뿌리식물과 야채, 열매 등을 먹는 장면도 나오는데 이는 이텔멘인 사이에 채집 문화가 발달했음을 입증한다. 또한 물개 등 해양 동물의 비계도 먹었다. 해양 동물은 음식은 물론이고 생활에 필요한 것들을 얻는 데도 유용했다. <첼쿠트흐와 독버섯 아가씨들>에서도 나오는 '바나크'라고 불리는 광대버섯은 대표적인 독버섯으로 환각 증세를 일으킨다. 이것을 식재료로 활용했다고 한다.

이텔멘인 전통 신앙은 다른 민족과 마찬가지로 애니미즘, 토테미즘, 샤머니즘이다. 이텔멘인의 대표적인 전통 축제는 알할랄랄라이(Алхалалалай)인데 이 축제는 여름 동안 생활에 필요한 모든 것을 준 자연에 감사드리는 감사절로 가을에 행하며 물고기의 신 한타이(Хантай)에게 제물을 바치고 불을 통한 정화 의식을 거쳐 악한 기운을 없애는 축제다. 알할랄랄라이는 사라졌다가 1988년부터 복원됐다. <예멤쿠트, 코트하남탈한과 식인종>에서 불을 넘는 의식이 나오는데 이 축제와 연관된다고 볼 수 있다.

옮긴이에 대해

박미령은 현재 한국외국어대학교에서 '그림책' 관련 프로젝트를 수행하고 있으며 역서로는 공동으로 번역 · 출간한 ≪러시아 여성의 눈≫, ≪러시아 추리 작가 10인 단편선≫이 있다. 논문으로는 <지배 이데올로기와 영웅서사시 브일리나>, <Comparative Analysis of Korean Folktale *The wonderful Serpent Bridegroom* and Russian *The Feather of Finist the Falcon* of the Type *Cupid and Psyche*>, <소비에트 제국 이데올로기의 토착화를 위한 아동문학의 역할: 20-30년대 그림책과 포토몽타주를 중심으로> 등이 있다.

이텔멘인 이야기

작자 미상
옮긴이 박미령
펴낸이 박영률

초판 1쇄 펴낸날 2018년 11월 13일

지식을만드는지식
02880 서울시 성북구 성북로 5-11 (성북동1가 35-38)
전화 (02) 7474 001, 팩스 (02) 736 5047
출판등록 2007년 8월 17일 제313-2007-000166호
전자우편 zmanz@commbooks.com
홈페이지 www.commbooks.com

ZMANZ
5-11, Seongbuk-ro, Seongbuk-gu, Seoul, 02880, KOREA
phone 82 2 7474 001, fax 82 2 736 5047
e-mail zmanz@commbooks.com
homepage www.commbooks.com

ISBN 979-11-288-3114-0
979-11-288-3115-7(큰글씨책)
979-11-288-3116-4(PDF 전자책)

책값은 뒤표지에 있습니다.

문학

한국 ≪포의교집≫ 외

중국 ≪서상기≫ 외

일본 ≪바다에서 사는 사람들≫ 외

아시아 ≪물고기 뼈≫ 외

고대 그리스 ≪히폴리투스≫ 외

영국/미국 ≪빨래≫ 외

독일 ≪길쌈쟁이들≫ 외

프랑스 ≪홍당무≫ 외

스페인 ≪위대한 술탄 왕비≫ 외

러시아 ≪유리 나기빈 단편집≫ 외

유럽 ≪로칸디에라≫ 외

아프리카 ≪아딜리와 형들≫ 외

중남미 ≪네루다 시선≫ 외

퀘벡 ≪매달린 집≫ 외

예술

미술 ≪예술에 관한 판타지≫ 외

연극 ≪풍자화전≫ 외

한국문학선집

한국문학의 어제와 오늘을 총정리하는 사상 초유의 기획

초판본 한국소설문학선집

한국 근현대문학 120년, 대표 작가 120명의 작품집 101권

초판본 한국시문학선집

한국 근현대문학 120년, 작고 시인 101명의 작품집 99권

한국문학평론선집

한국 대표 문학평론가 50인의 평론집 50권

한국수필문학선집

한국 대표 수필가 50인의 수필집 50권

한국희곡선집

문학성과 공연성이 입증된 한국 대표 희곡 100권

한국 대표 시인의 육필시집

한국 시단을 주도하는 시인들이 직접 쓴 시집 80권

한국동화문학선집

한국 아동문학사에 기록될 동화작가 120명의 작품집 100권

한국동시문학선집

한국 동시의 역사이자 좌표, 동시작가 111명의 작품집 100권

단행본

≪고려 후기 한문학과 지식인≫ 외